Jürgen von der Lippe
und
Klaus De Rottwinkel

Wie rede ich mich um Kopf und Kragen

Anecken in jeder Runde

Eichborn.

Umschlaggestaltung: Regine Rottwinkel / Christina Hucke
Gesamtproduktion: Fuldaer Verlagsanstalt GmbH, Fulda
ISBN 3-8218-3455-2

Verlagsverzeichnis schickt gern:
Eichborn Verlag, Kaiserstraße 66, D-60329 Frankfurt am Main

Inhalt

Vorbemerkung

Man kann sich fragen, wozu ein Buch mit dem Titel »Wie rede ich mich um Kopf und Kragen«? Tun das die meisten Leute nicht schon ohnehin unfreiwillig?

Genau. Und das ist das Schlüsselwort. Wir wollen mit diesem Buch helfen, es *freiwillig* zu tun. Warum? könnten Sie nun wiederum fragen. Wenn es doch genug Zank und Streit in der Welt gibt, täte da nicht ein Buch besser mit einem Titel wie: »Wie liebe ich meinen nächsten am besten«?

Nun, Bücher dieser Art gibt es, manchmal auch im normalen Buchhandel. Diese Bücher wollen aber die Welt insgesamt verbessern, ein Ziel, das uns zu hoch gesteckt erscheint. Wir wollen die Lebensqualität des einzelnen Menschen verbessern, die Anzahl seiner real erlebten Glücksmomente steigern, sein Selbstbewußtsein in nie gekannte Höhen heben, was ihn ganz automatisch zu einem begehrten Nachbarn, Mitarbeiter und Sexualobjekt macht.

Oh, höre ich Sie jetzt sagen, das ist toll, was muß ich tun? Zunächst dieses Buch kaufen, das Sie ja jetzt nur wahllos vom Stand mit den Bestsellern gegriffen haben, es dann lesen und umgehend damit beginnen, Mitmenschen der Lächerlichkeit preiszugeben. Dazu gibt es unzählige Möglichkeiten. Man kann Leute verspotten, weil sie klein, groß, normal, behaart, unbehaart sind, man kann ihre politische oder sexuelle Orientierung als Zielscheibe verwenden, ihre gesellschaftliche Konformität oder Nonkonformität, es ist alles eine Frage des Standpunktes oder, wie Fontane einmal sagte, der Beleuchtung. Sie sehen, liebe Leser, es ist gleichgültig, womit wir den anderen lächerlich machen, es ist auch gleichgültig, warum wir ihn attackieren (»Laß ihn, er ist doch so krank!« »Egal, wenn er wieder gesund ist, stellt er für jede Frau außerhalb des Friedhofs eine akute Bedrohung dar!«). Nur eines ist nicht egal: Wie wir ihn angehen. Wir sollten stets das Niveau im Auge haben – und damit meine ich nicht irgendwelche Geschmacks- oder Moralgrenzpfähle, die sich bei genauem Hinsehen ohnehin als willkürlich gesetzte Duftmarken irgendwelcher historischer Funmuffel und Partypooper herausstellen –, sondern den Unterhaltungswert.

Jede komische Äußerung hat bekanntlich neben der inhaltlichen oder psychologischen auch eine ästhetische oder künstlerische Komponente. Und das ist der ganz entscheidende Punkt. Die Zaungäste einer verbalen Ringschlacht dürfen unsere moralische Integrität ruhig bezweifeln, das wird ihrer Bewunderung keinen Abbruch tun, solange die formale Brillanz unserer Gefechtsführung ihnen schier den Atem nimmt. Und der Gegner wird uns auch nichts nachtragen, er wird froh und dankbar sein, wenn wir von ihm ablassen und ihm gestatten, sich hinfort zu unserem Fanclub rechnen zu dürfen.

Und noch etwas: So wie Karatemeister immer wieder betonen, daß sie, seitdem sie den schwarzen Gürtel innehaben, nie mehr gezwungen waren, ihre Künste anzuwenden, so wird auch Sie, wenn Sie die *Kunst des Aneckens in jeder Runde* erst beherrschen, jeder potentielle Streithammel weiträumig umlaufen. Und wenn eines Tages alle Menschen dieses Buch besitzen, gibt es keinen Streit mehr auf der Welt, aber das wollen wir ja nicht hoffen.

Der letzte Satz, liebe Leser, vielleicht haben Sie es ja schon von alleine gemerkt, war ein gezielter Tritt in die Leiste des PC-Hubers, des Vertreters der Political Correctness, eine der momentan führenden Geißeln der Menschheit. Das sind solche Leute, die auch schreiben würden: Liebe Leserinnen und Leser . . . aber ich denke, wir können jetzt anfangen.

Vorwort KDR

Von Klaus De Rottwinkel

Es ist kurz vor drei in der Frühe. Eigentlich will ich schlafen, was aber nicht so recht funktioniert. Ob es etwa mit dem Telefon zusammenhängt, das seit gut einer Stunde klingelt? Ich wische mir den Schlaf aus den Ohren, robbe ins Bad, öffne den Eisschrank und nehme den Hörer ab.

Jürgen von der Lippe fragt an, ob ich Bock hätte, bei einer Riesensache mit einzusteigen. Bei einem Spezialitätenrestaurant für Gehörlose. Erlebnisgastronomie mit schicken Ohrensesseln und Dichterlesung am Wochenende. Lokal soll Ludwig Fun Beethoven heißen. Klingt irgendwie interessant, trotzdem bitte ich Jürgen, später noch einmal anzurufen, was der dann 3 Minuten später auch tut. Von Gastronomie will er nichts mehr wissen, statt dessen bietet er mir die Partnerschaft für ein Vermarktungskonzept an: es geht um einen elektrischen Rasenmäher, mit dem man auch unter Wasser Golf spielen kann. Ich soll die Sache in Ruhe überschlafen. Das versuche ich auch – für etwa 56 Sekunden. Diesmal hat er DIE IDEE für einen Kinofilm, den er netterweise mit mir zusammen produzieren möchte, sollte Steven Spielberg absagen. Eine Mega-Idee, thrilliger als FERIEN AUF DEM IMMENHOF, erotischer als DAS BOOT und lustiger als DAS SCHWEIGEN DER LÄMMER. Die Story hat er schon:

Max, ein tunesischer Frischfischvertreter, verliert auf der Autobahn Tunis-Nizza die Kontrolle über seine beiden Mantas. Schwimmend, nur mit einer Luftmatratze bekleidet, erreicht er den Dortmund-Ems-Kanal, wo seine üppige Kniebehaarung am Senioren-FKK-Strand eine Riesenpanik auslöst. Die Leutchen halten Max für Theo Waigel und bringen ihre Renten in Sicherheit. Ab da, stellt Jürgen sich vor, sollten die Dinge beginnen, nach und nach ungewöhnlich zu werden. Am Schluß jedenfalls ein tetra-mäßiger Showdown, bei dem der frisch knierasierte Max seine Erzpeinigerin Tante Clementine mit einer überreifen Makrele vom Skateboard holt. Den

Max will Jürgen selber spielen, als Luftmatratze und Makrele sieht er Madonna in einer Doppelrolle.

Ich lege mich wieder hin, nicht ohne vorher das Telefonkabel aus der Wand gerissen zu haben. Gegen halb fünf dann ein leichtes Stechen in der Brust. Ein unrasierter Mann in der Uniform eines Oberzustellers der Deutschen Post AG tackert mir ein Telegramm auf die Steppdecke:

HALLO KLAUS* STOP MEGA-IDEE STOP GIGA-MARKTLÜCKE STOP GOURMET-ZAHNPASTA STOP GESCHMACKSRICHTUNGEN: DANISH BLUE + GYROS + EIERLIKÖR STOP WERDEN DIE KNETE MIT TIEFLADERN NACH LUXEMBURG SCHAFFEN MÜSSEN STOP MACHST DU MIT? STOP JÜRGEN STOP

An Schlaf ist nicht mehr zu denken. Taumele zum Balkon, um den Postmann zu seinem unten parkenden Auto zu bringen. Jürgen ist auch schon da. Kauert im Kübel mit den Gartenkräutern und ist kernhageltoll. Schwenkt eine Grappaflasche und sprudelt Ideen. Will ihn beruhigen, doch er raunzt mich an, ich soll gefälligst die Kresse halten. Sprudelt weiter. Sieht fantastische Marktchancen in einer Mikrowelle für Eichhörnchen, so konstruiert, daß sich das Gerät auf den Kopf stellen läßt, wodurch es sich auch für Fledermäuse eignet. Zwei Schlucke später die Vision, mit meiner Unterstützung die Privatisierung der Katholischen Kirche abzuwickeln, oder doch wenigstens etwas von der Küchenrolle – wegen seiner tropfenden Nase. Danach noch Geistesblitz, den WEISSEN HAI an den Broadway zu bringen. Mit Heino in der Titelrolle und alles auf Rollschuhen. Sogar Hannelore. Unmittelbar vor dem Kollaps dann die Idee, mit mir zusammen ein lustiges Buch zu schreiben, dann rollt er sich im Kräuterkübel zum Schlafen zusammen. Bin irgendwie gerührt und decke ihn vorsichtig mit einem Eimer Wasser zu, sozusagen als Gutenachtgüßchen.

Dirkingen (Sauerland), im Mai 1996

P.S.: Aber das mit dem Buch hat was.

Vorwort VDL

Von Jürgen von der Lippe

Ich erinnere mich noch sehr genau an meine erste Begegnung mit Klaus De Rottwinkel. Es war Mai oder Juni 1954 oder 83 in New Orleans, wo ich einen halbdokumentarischen Spielfilm über den Mardi Gras, das dortige Äquivalent zu unserem Vatertag, drehte. Es mag gegen Mitternacht gewesen sein, in der Bourbon Street, der berühmt-berüchtigten Amüsiermeile. Ich war soeben mit einer Prostituierten handelseinig geworden und grübelte, während sie mit ihren kurzen Dackelbeinen in Wanderschuhen vor mir hereierte, was mich an ihr störte, der Bauch, die runde Brille, der Bart?

Auf dem Zimmer kam es ganz dick. Das Wesen zündete sich umständlich eine Pfeife an und meinte: »Hallo, ich bin der Klaus und mache ein Buch über Frauenberufe.« Ich schwankte einen Moment, ob ich ihn zusammenschlagen oder auf Einhaltung unseres mündlich geschlossenen Vertrages bestehen sollte, lud ihn dann aber doch lieber zum Essen ein.

Es wurde eine lange, feuchtfröhliche Nacht, in der er mir immer unsympathischer wurde, und sei es auch nur, weil er einfach so Scheiße aussah in seinem zu engen Dirndl.

Ich lieh ihm dann etwas Geld, damit er sich etwas anderes zum Anziehen kaufen konnte. Er erschien dann am nächsten Tag in einem Pepitakostüm, in dem ich ihn dann für mehrere Jahre aus den Augen verlor.

Wir sahen uns einige Monate später in einem Kölner Travestieclub wieder, wo er mir wahlweise rote Rosen oder gelbe afrikanische Ebenholzschnitzereien andrehen wollte. Ich versetzte schnippisch: »Gib du mir erstmal die Kohle von New Orleans wieder!« Da bot er mir dann spontan an, die Hälfte dieses Buches umsonst zu schreiben, was ich gerne annahm.

Berlin, im Mai 1996

Anrufbeantworter-Texte

Der Anrufbeantworter wurde für Menschen erfunden, die zu ängstlich sind, um andere Menschen live dumm anzuquatschen. Je unverschämter der Spruch auf dem Automaten, desto höher der Genuß für den Hasenfuß, der danebensteht und sich das hilflose Gestammel des in bester Absicht Anrufenden reinzieht, ohne dazwischenzugehen und den armen Wurm zu erlösen.

Im folgenden einige Vorschläge, wie Sie sich unangenehm von der Standardansage abheben können.

Sprechen Sie mir 21 gute Gründe, warum ich Sie zurückrufen sollte, auf dieses Band. Dazu haben Sie 15 sec Zeit. Viel Spaß!

Hier ist der Anrufbeantworter Ihrer Bank. Sie sind pleite.

Sie wollen mir Süßigkeiten, Geld oder Immobilien schenken? Das ist fein. Bitte sprechen Sie nach dem Flötensolo auf das Band, wo ich die Sachen abholen kann. Danke.

Ich wußte, daß Sie anrufen würden, deswegen bin ich auch abgehauen. Quatschen Sie mir ruhig das Band voll, man kann es ganz leicht löschen.

Bin zum Mittagessen. Wenn ich bis 19 Uhr nicht da bin, bin ich auch zum Abendessen. Ich rufe Sie aber zurück und zwar um drei Uhr, wenn ich besoffen nach Hause komme, und dann ist es auch billiger. Bis dann.

Ich sitze neben dem Telefon und höre mir erstmal an, wer da anruft. Wenn ich dann nicht rangehe, bin ich vermutlich sauer auf Sie. Ihre Entschuldigung können Sie nach dem Anpfiff aufs Band sprechen. Danke.

Ich möchte mein Telefon samt Anrufbeantworter verkaufen. Angebote sprechen Sie bitte nach dem Piepton aufs Band.

Guten Tag. Was bedeutet: Amare et sapere vix deo conceditur? Sprechen Sie die Übersetzung aufs Band. Wenn Sie das nicht können, machen Sie erstmal das Latinum und melden sich dann wieder.

Hallo, wenn du das Christkind bist, bring mir bitte eine lange Unterhose und einen Pizzaofen. Danke!

Guten Tag. Ich liebe Telefonsex genauso wie Sie, also keuchen Sie nach dem Seufzer.

Hi, was wir zu besprechen haben, ist sicher so privat, daß wir es in einem erstklassigen, verschwiegenen Restaurant bei gutem Essen und exzellentem Wein tun sollten, vorausgesetzt, Sie zahlen. Sprechen Sie Uhrzeit, Tag und Ort aufs Band, ich werde mit meiner Frau pünktlich da sein.

Wissen Sie, was Einwegkommunikation ist? Sie sprechen auf meinen Anrufbeantworter und ich rufe nicht zurück. Und das machen wir jetzt.

Ich bin zwar zu Hause, kann aber das Telefon nicht finden, und Anrufbeantworter hasse ich, weil da irgendwelche Idioten nur Scheiße drauflabern. Schönen Tag noch.

Hör zu, du Arschloch! Dies ist der Automat von Kalle, dem Tüftler des Todes. Er hat eine von mir entwickelte, revolutionäre Impulsschaltung. Ein dummes Wort und 400 Volt Wechselstrom brennen dir ein Muster in den Horchlappen. Solltest du jetzt ohne ein liebes Wort auflegen wollen, ist es zu spät. Du bist bereits geortet und dein Scheißtelefon geht in die Luft. Und jetzt hast du zehn Sekunden.

Gott zum Gruße, liebes Schaf,
du willst beichten, warst nicht brav?
Dann erzähl mir mal vom Lottern,
ohne Hast und ohne Stottern.
Sieh, der Herr in seiner Güte,
gab mir diese Flüstertüte,
der sich jede Frau samt Mann
ruhig anvertrauen kann.
Spreche klipp und spreche klar,
oder schweig für immerdar.

Achtung! Dieses ist das halbautomatische Fernsprechaufzeichnungsgerät FAZ 3 des Hauptgefreiten Delft von Bracke-Siemering, Träger des bronzenen Sportabzeichens und der Nichtschwimmerspange sowie einer Schiesserunterhose halblang. Nehmen Sie Grundstellung ein und melden Sie Dienstgrad, Stubennummer und Belegung, sowie Waffengattung und Familienstand. Anschließend Revierreinigen und Putz- und Flickstunde. Stubendurchgang gegen 17 Uhr. Wegtreten.

Hallo, Madonna, alte Schlampe, willst du immer noch ein Kind von mir? O.K., dann sprich in Gottesnamen die Adresse aufs Band, wo ich das Reagenzglas hinschicken soll, ciao.

Hallo Charles, altes Windsohr, schön, daß du zurückrufst. Schick doch mal ein paar Milliliter für meine private Samenbank, ich soll für die versteckte Kamera eine Braut schwängern und das Gesicht, was die macht, wenn sie ein Segelschulschiff vom Stapel läßt, kommt bestimmt in die Jahresendausscheidung, danke im Voraus und grüß Camilla.

Wenn ich drangehe, du mich nerven, ich böse.
Wenn ich nicht drangehe, du genervt, du böse!
Besser, du böse.

Hallo, freue mich riesig über Ihren Anruf, bin nur leider zu geschlaucht, um jetzt noch ein Stößchen zu plaudern. War nämlich gerade wieder beim Samenspenden, und das zieht sich ganz schön, bis so'n Kübel voll ist.
Au reservoir.

Warum immer Stimmen von lebenden Prominenten schlecht imitieren?
Wer will unseren Kanzler wirklich noch hören? Was ist mit unseren Dichterfürsten, und überhaupt mit den Großen der gewesenen Geschichte?

Festgemauert in der Erden
steht die Form aus Lehm gebrannt.
Heute soll es wärmer werden
Legoland ist abgebrannt . . .

naja, das ist noch nicht so doll, deswegen auch keine Zeit, an den Apparat zu gehen. Wenn Sie unbedingt einem der großen Dichter der Aufklärung auf die Glocken gehen müssen, weil sie ein lustiges Gedicht oder Drama in Auftrag geben wollen, dann probieren Sie es doch einfach mal beim Kollegen Goethe.

Den erreichen Sie unter seiner Weimarer Nummer und in ganz dringenden Fällen wie Werthers Leiden oder Werthers Echte über sein Handy in Auerbachs Keller. Lesen Sie wohl!

Hier spricht der mechanische Phisto von Johann Wolfgang von Goethe. Hat Schiller, dieser Ersatzkassensimmel, wieder meine Geheimratsnummer hinausposaunt? Egal, was Sie wollen, ich bin der Geist, der stets verneint und jetzt Klappe, sonst gibt's was mit dem Faust, daß Sie nicht mehr wissen, ob Sie Männchen oder Gretchen sind.

Bon jour, mez ami, hier sprischt der Anrüfbeantworteur von Quasimodo, dem Glöckneur von Notre Dame, dem Wahrer des Klöppels, dem Üter des Seils. Isch abe soeben entdeckt, daß Esmeralda zwei Bückel at und deswegen können Sie mir meinen jetzt runterrütschen!

Hallo, hier spricht Jack the Ripper. Bin mal kurz auf einen Abstecher in die Stadt. Sie können schreien, soviel sie wollen, aber bitte erst nach dem Pfeifton.

Hallo Leute, hier ist Moses. Wenn ihr wegen der Gebote anruft, habe ich eine gute und eine schlechte Nachricht. Ich habe ihn auf zehn runtergehandelt, aber Ehebruch ist immer noch dabei.

Heimatdichtung

Wie oft stehen wir vor einem Menschen, der unser Interesse geweckt hat, sei es durch Haarfarbe, Handycap oder Handschellen, und suchen verzweifelt nach der Schlüsselfrage, die uns ein Stück weit zusammenführen könnte, dem sogenannten Eisbrecher? Oft. Und selbst, wenn wir sie haben, in Form von: Was machen Sie beruflich? Und: Ist das nicht strafbar? sind wir noch keinen Schritt weiter. Erfolgsträchtiger ist die Frage nach dem woher und einem sofortigen, gereimten Kommentar dazu. Dabei kommen wir nicht etwa auf einer Schleimspur dahergeschliddert, wir doch nicht, nein, wir testen unseren neuen BBF, unseren Brief- und Busenfreund in spe, auf seine Scherzfestigkeit. Patriotismus ist nämlich nächst Sodbrennen eines der tiefsten menschlichen Gefühle, aber bei weitem nicht so zeitgemäß. Daher ist es nur recht und billig, wenn wir ihm mit den Mitteln Goethes, Schillers und Rushdies auf die Pelle rücken.

Das folgende Kompendium frischgereimter Städtezweizeiler wird sich schon bald als unschätzbares Vademecum für jeden Kommunalpolitiker, Touristen und Unterhaltungschef etablieren.

Bitte bedienen Sie sich!

In weiten Teilen von Werdohl
gilt Else Kling als Sexsymbol.

Ein Buch weiß man in Emden
nur zum Schmeißen zu verwenden.

Der Unterschied von Mann und Frau
verschwimmt recht oft in Gneisenau.

Die Wissenschaft in Vechta
kennt vier bis fünf Geschlechter.

Der Zipfel eines Kerls aus Nihl
nützt seinem Träger nicht sehr viel.

Den lauten Furz schätzt man in Kiel
als Gruß und als Gesellschaftsspiel.

Den Gründern der Stadt Neuruppin
hat man bis heute nicht verziehen.

Die neue Autobahn von Soest
nach Paderborn ist auch kein Trost.

Nouvelle cuisine in Witten:
Appelkorn mit Fritten.

Rechts und links macht in Neuwied
beim Blinken keinen Unterschied.

Deutschlands Drohung Nummer Eins
heißt noch immer: Mainz bleibt Mainz.

Ein hoher Zaun um Niederkrüchten
verhindert, daß die Leute flüchten.

In Leer geht man auf Teer
direktemang ins Meer.

Wer schweißnaß sich im Bett rollt,
träumt sicherlich von Detmold.

Es dient seit 1000 Jahren Torf
als Klopapier in Warendorf.

Für einen Trip nach Peenemünde
gibt es keine echten Gründe.

Der tote Maulwurf gilt in Trier
als Feinkost und als Wappentier.

Japaner, die sonst alles kaufen,
winken ab bei Oberstaufen.

Nimm eine Lampe mit nach Münster,
dann ist es dort nicht ganz so finster.

Sex mit Pudeln, Hamstern, Ziegen
bestraft der Herr mit 1 Jahr Siegen.

Abendbrot in Plauen
heißt meistens Nägelkauen.

Alte Tradition in Trier:
Die Weißweinschorle per Klistier.

Willst du Opa wiederfinden,
begrab ihn niemals in Holzminden.

Wer sich in Nachbars Kittel schneuzt,
in dessen Paß steht meist Köln-Deutz.

Es gibt viele in Bergkamen,
die nach getanem Tagwerk lahmen.

In London trinkt man sehr viel Tee,
viel öfter als in Herdecke.

Wenn sie die Laken blauweiß tünchen,
weißt du, du bist kurz vor München.

Ich sag's nur ungern, doch an Minden
kann ich überhaupt nichts finden.

Es gibt viel Elend auf der Welt,
die Blinden, Tauben, Lahmen,
doch wer das nackte Grauen sucht,
begebe sich nach Kamen.

Will man in Hameln Ratten töten,
braucht man die Lizenz zum Flöten.

Nur selten hört man wen aus Hagen,
im Ausland über Heimweh klagen.

Komm, Tapferer, laß dich umarmen,
gelang dir doch die Flucht aus Karmen.

Schickt mich nach sonstwo zu den Wilden,
doch bitte schickt mich nicht nach Hilden.

Ungeküßt von allen Musen:
Künstlerschicksal Leverkusen.

Der Stern, der Rio nachts erhellt,
er strahlt nicht bis nach Bielefeld.

Nach sechs Tagen Schöpfungsstreß
ließ Gott einen sausen
und schuf so quasi hintenrum
das Städtchen Oberhausen.

Willst du wem die Unschuld nehmen,
hast du keine Chance in Bremen.

Ich bitt' dich, Herr, und hoffe sehr,
daß du mich auch erhörst.
Wenn du mich nur ein bißchen magst,
dann schick mich nie nach Moers.

Priester, Gurus und Schamanen,
alle warnen vor Bergkamen.

Gruppensex mit zahmen Schafen,
kein Problem in Bremerhaven.

Zwei Meter vor und zehn zurück,
so parkt man ein in Osnabrück.

Der herbe Reiz von Osnabrück
erschließt sich auch nur mit viel Glück.

Ein Mann namens Lothar in Gotha
lief im Suff gegen einen Toyota.
Lothars zahlreiche Wunden
wurden schnellstens verbunden,
zum Glück war ausreichend Jod da.

Der Bürstenhalter hebt den Busen,
doch was – verdammt – hebt Leverkusen?

Eine Selbstfindungsgruppe aus Hagen
wollte was ganz Tolles wagen:
Alle sollten verschwinden,
sich selbst suchen und finden,
sie werden vermißt seit zehn Tagen.

Ein Urlaubstag in Oberhausen
ist fast so schön wie Ohrensausen.

Willst du ein Suffdelikt verschleiern,
verübe es in Oberbayern.

Als fehlgeleitet gilt auf Sylt,
wer nicht am Strand nach Möpsen schielt.

Zum Huren und zum Saufen
fährt man nach Oberstaufen.
Die Dicken und die Doofen
fahren nach Wörrishofen.

Ich träumte jüngst, daß er mir stünde,
ich glaub', das war in Travemünde.

Pickel sind in Atzerode
kein Gebrechen, sondern Mode.

Jubeltag in Sindelfingen
ist, wenn die Wärter Futter bringen.

Reaktion auf Vechta
Prusten und Gelächter.

Weltoffenheit in Schwäbisch Hall
zeigt der stets off'ne Hosenstall.

Mit Fremden fährt man in Witten
im Sommer und Winter Schlitten.

Es wirkt ein Zwerg in Gütersloh
zweimal so groß wie anderswo.

Fortsetzung folgt

Der Goldfisch

Wie oft sitzt man da und denkt: »Boh, ist das langweilig.« Das muß nicht sein. Es gibt so viele Möglichkeiten, sich originell die Zeit zu vertreiben, natürlich auf Kosten unserer Mitmenschen. Wir können in ein Parkhaus fahren, uns in die einzige Parklücke stellen und die Leute zählen, die uns fragen, ob wir wegfahren. Wir können mit Freunden in ein Beerdigungsinstitut gehen, uns, wenn der Bestattungskaufmann abgelenkt ist, in einen Sarg legen, warten, bis der Laden voller Kundschaft ist, mit Schmackes den Deckel aufstoßen und brüllen: »Bedienung!«

Wir können auf der Kirmes an die Kasse der Achterbahn gehen, wo immer steht: Erwachsene acht Mark, Kinder fünf Mark, und sagen: »Geben Sie mir zwei Jungs und ein Mädchen!«

Oder wir fahren in ein Drive-in und bestellen bei dem freundlichen Babyphone: »Einen Cheeseburger und 'ne mittlere Pommes mit Mayo!« Dann fahren wir weiter zu dem kleinen Schalter und eine Mitarbeiterin sagt: »Cheeseburger, mittlere Pommes mit Mayo?« »Ja!« »Macht 5,20 DM, bitte!« Wir zahlen, nehmen die Tüte, fahren eine astreine Kurve, landen wieder vor dem Babyphone, sagen: »Einen Cheeseburger und 'ne mittlere Pommes mit Mayo!« Wieder an dem kleinen Schalter angekommen, hören wir die Mitarbeiterin sagen: »Cheeseburger, mittlere Pommes mit Mayo!« Und jetzt kommt's: Wir halten ihr unsere Tüte hin und sagen: »Bitteschön, macht 5,20 DM, bitte!«

Ein knackiger Zeitvertreib mit hohem Publikumskoeffizienten ist das Besteigen eines Busses mit einer Currywurst. Da wird normalerweise der Busfahrer brüllen: »Das ist hier kein Speisewagen!« Worauf wir kontern: »Ich weiß, deswegen habe ich mein Essen ja auch mitgebracht.«

Oder wir kaufen eine Flasche billigen Fusel, besteigen eine U-Bahn und arbeiten uns unter ständigen »Die Fahrausweise bitte«-Rufen durch den Waggon. Irgendeinen Dödel erwischen wir dann ohne Ticket, und dem überreichen wir die Pulle mit den Worten: »Herzlichen Glückwunsch, Sie sind der 1000ste Schwarzfahrer diesen Monat, angenehme Weiterfahrt!«

Wenn Sie diese Ausgabe scheuen, sprechen Sie einfach einen beliebigen Passanten an und fragen ihn: »Kennen Sie die Adalbert Dickhut-Straße?« »Nein«, wird er sagen. »Dann passen Sie gut auf. Sie gehen geradeaus bis zur 3. Straße links, dann bis zu dem Platz und da nehmen Sie den Bus Nr. 15.«

Oder wir gehen in eine Tierhandlung, lassen uns das Aquarium mit den Goldfischen zeigen und sondern dann folgenden Monolog ab: »Ist Ihnen eigentlich klar, daß dieses Lebewesen zu den erstaunlichsten und verkanntesten der Natur zählt? Wie ruhig, ja fast majestätisch zieht er seine Bahnen, nascht hier eine Alge, mümmelt da ein Würmlein, um im nächsten Moment einem Wasserfloh das Nachsehen zu geben.

Nachsehen, ein Schlüsselwort.

Was sieht er uns, den Menschen, nicht alles nach. Ob es der fünfjährige Rotzlöffel ist, der vor den Augen unseres geschuppten Freundes ungeniert popelt und die Ausbeute auch noch ins Becken wirft, oder dessen betrunkene Mutter, die nach einem Saufgelage versehentlich den Aschenbecherinhalt ins Aquarium verklappt, er bleibt stumm.

Dem aufmerksamen Betrachter entgeht der Vorwurf nicht, der in seinen großen rehbraunen Augen steht, Augen, die so ganz plötzlich zu wässrigem Grün changieren können oder auch zu flammendem Pink, letzteres allerdings nur bei extremen Temperaturen, wenn das Aupair-Mädchen den neuen Tauchsieder testet. Aber er bleibt stumm.

Was hat er nicht alles mit ansehen müssen?

Er schaute Goethe über die Schulter, als der an Frau von Stein schrieb: ›Übrigens könntest du mal wieder etwas abspecken, meine Liebe‹, er zog mit Hannibal über die Alpen und sah wortlos zu, wie sein Badewasser gefror, und war nicht auch er es, auf dessen wulstigen Lippen sich ein Lächeln abzuzeichnen schien, als Napoleons Leibarzt zu jenem sprach: ›Klarer Fall, mein Lieber, die Leber, also ab heute keine Kurzen mehr!‹

All das hat er gesehen, und nicht umsonst widmete ihm 1953 Heinrich Böll einen Roman mit dem Titel: ›Und sagte kein einziges Wort‹.

Nicht Weihnachten 56, als dem ledigen Lokführer Jim K. der Rasierpinsel ins Wasser fiel, nicht Himmelfahrt 91, als die Katze allein zu Haus war und nicht neulich, als jener Vater ausrief: ›Mit so einem Zeugnis kommst du nach Hause? Das wollen wir doch mal sehen, der Goldfisch kommt ins Klo.‹

Dies geschah, während ›Free Willy‹ lief, eine Leihkassette, die er immer besonders gern gesehen hatte.

Stumme Zeugen. Ja, auch das. Denn die kleinen Goldfische bringt schließlich nicht der Storch. Im Gegenteil. Er ist einer der größten Feinde unseres Freundes, dieser klapprige, seit Jahrhunderten von meist kirchlichen Greisen zum Nachwuchslieferanten hochstilisierte Raubvogel.

Nächst diesem fordern die meisten Opfer die chemische Industrie, und langanhaltende Trockenheit. Trotzdem wird er, und da bin ich mir ganz sicher, nicht aussterben und weiterhin an Weihnachten auf dem Gabentisch liegen oder auch als Christbaumschmuck ein wenig Glanz in unsere Hütte zaubern. So, Meister, war schön, mit Ihnen zu plaudern, und jetzt packen Sie mir 16 von den Biestern ein, das sollte als Vorspeise reichen, oder?«

Zitatort FRAU

Wir begreifen uns nicht nur als tumbe Schreibmaschinen, sondern auch als sensible Sammler und Jäger, denn wir sind ja nicht die ersten und werden auch nicht die letzten sein, die die Maxime *L'eclat ce moi*, zu deutsch: der Gag heiligt die Mittel, auf ihr Panier geschrieben haben. Was, haben wir uns einmal mehr gefragt, haben Geistesgrößen in früheren Tagen zum Thema Frau abgelassen, und – wichtiger fast – was davon können wir in der heutigen Zeit, wo Mann und Frau sich in Versuchen, sich einander anzunähern, schier zu überschlagen scheinen, gewinn- und lustbringend anwenden. Ein Parforceritt, zu deutsch: Gepäckmarsch durch 4000 Jahre christliches Abendland (!) zeitigte fette Beute, erstklassige Munition, sozusagen Dumdum-Geschosse im Geschlechterkampf.

Die Frau aber ist des Mannes Abglanz. *(1. Kor.11,7)*

Der Mann ist nicht geschaffen um der Frau willen, sondern die Frau um des Mannes willen. *(1. Kor.11,9)*

Wie aus den Kleidern Motten kommen, so kommt von Frauen viel Schlechtigkeit. *(Sirach,42,13)*

Eine Frau, die schweigen kann, ist eine Gabe Gottes. *(Sirach,26,17)*

Denn immerfort sind vornean die Frauen, wo's was zu gaffen, was zu naschen gibt. *(Goethe, Faust II)*

Es gibt Frauenspersonen, die uns im Zimmer besonders wohlgefallen, andere, die sich besser im Freien ausnehmen. *(Goethe, Dichtung und Wahrheit III,11)*

Das Weib, das Gott der Herr erschuf, schuf er zu mancherlei Behuf; allein der süßeste von allen, ist der, den Männern zu gefallen.
(Goethe, an Frau von Felgenhauer)

Für euch sind zwei Dinge von köstlichem Glanz: Das leuchtende Gold und ein glänzender Schwanz.
Drum wißt euch, ihr Weiber, am Gold zu ergötzen, um mehr als das Gold noch die Schwänze zu schätzen.
(Goethe, Faust I, Paralipomena 58, Satan)

Was sind die Haupttugenden der Weiber? Geduld und Gehorsam. Was ist ihr Sinnbild? Der Mond. Warum? Weil er sie erinnert, daß sie kein eigen Licht haben, sondern daß sie allen Glanz vom Mann erhalten. *(Goethe, Der Groß-Cophta, A I, Sz.2)*

Mulier taceat in ecclesia. Die Frau soll in der Gemeinde schweigen.
(Paulus, 1.Kor.14,34)

Varium et mutabile semper femina. Ein buntschillerndes und wechselhaftes Wesen ist doch immer die Frau. *(Vergil, Aeneis 4, 569 f)*

Der einzige Mann der Welt, der wirklich nicht ohne Frauen leben kann, ist der Frauenarzt.

Die Frauen wittern einen stehenden Phallus schon auf über zehn Meilen und fragen sich dabei: Wie hat der mich überhaupt sehen können? *(Samuel Beckett)*

Die Frau ist ein menschliches Wesen, das sich anzieht, schwatzt und sich wieder auszieht. *(Voltaire)*

Frauen verlangen Unmögliches: Man soll ihr Alter vergessen, aber sich immer an ihren Geburtstag erinnern. *(Karl Farkas)*

Eine schöne Frau gehört der Welt, eine häßliche dir ganz allein.
(indisches Sprichwort)

Das Streben der Weiber nach Emanzipation ist wie ein ewiger Ruf, daß sie von der Natur um drei Unzen Gehirn betrogen worden sind. Sie glauben eben immer, beim Krämer zu stehen.
(Arthur Schnitzler)

Der Mann ist des Weibes Haupt. *(Kor.1,1,3)*

Versagen war stets Frauensitte, doch lieben sie, daß man sie bitte.
(Fridank, mhd. Vagantendichter)

Die Frau ist wie ein Wischblatt. Sie nimmt alles auf und gibt es verkehrt wieder. *(C. Goetz)*

Man sagt fast jeder Frau etwas Hübsches, wenn man eine andere Frau kritisiert. *(Sigmund Graff)*

Eine Frau, die Geist und Talent hat, steht unter ihrem Geschlecht einsam. Vergebt ihr, wenn sie sich zu den Männern flüchtet.
(Karl Ferdinand Gutzkow)

Wo nicht Liebe oder Haß mitspielt, spielt das Weib mittelmäßig.
(Nietzsche, Jenseits von Gut und Böse, 4,115)

Sprechen Frauen über die Frau, so schwebt ihnen stets die eigene Person vor. *(Bertrand Russel)*

Seid ihr nicht wie die Weiber, die beständig zurück nur kommen auf ihr erstes Wort, wenn man Vernunft gesprochen stundenlang?
(Schiller, Wallensteins Tod)

Gehorsam ist des Weibes Pflicht auf Erden, das harte Dulden ist ihr schweres Los, durch strengen Dienst muß sie geläutert werden. *(Schiller, Die Jungfrau von Orleans)*

Eine Frau, die ihre Fehler ihrem Manne nicht zur Last zu legen versteht, die mag nur niemals ihr Kind selber stillen, sonst trinkt es die Dummheit mit der Muttermilch. *(Shakespeare)*

Eine Frau, die einen Ehemann sucht, ist das gewissenloseste aller Raubtiere. *(G.B. Shaw)*

Frauen lieben die Besiegten, aber sie betrügen sie mit den Siegern. *(Tennessee Williams)*

Sicher verdanken einige Millionäre ihren Erfolg ihren Frauen. Aber die meisten verdanken ihre Frauen dem Erfolg. *(Danny Kaye)*

Der vielgerühmte weibliche Instinkt gleicht einem Seismographen, der den Sturz eines Blumentopfs anzeigt, aber beim Ausbruch des Ätna versagt. *(Anna Magnani)*

Zu stark geschminkt und zu wenig bekleidet ist bei den Frauen immer ein Zeichen der Verzweiflung. *(Oscar Wilde)*

Verheiratete Frauen werden selten entführt, weil man nicht sicher sein kann, daß das Lösegeld bezahlt wird.

Die Zunge der Frauen ist ihr Schwert, sie sorgen dafür, daß es nicht rostet. *(Chinesisches Sprichwort)*

Wenn Frauen gut wären, würde der liebe Gott eine genommen haben. *(Georgisches Sprichwort)*

Eine Frau zu erziehen, heißt einem Affen ein Messer in die Hand drücken. *(Indisches Sprichwort)*

Du magst deine Frau dein ganzes Leben auf dem Rücken tragen, aber wenn du sie absetzt, wird sie sagen: Ich bin müde.
(Sprichwort aus Montenegro)

Wasser, Feuer und Frauen sagen niemals: Genug!
(Polnisches Sprichwort)

Nichts ist schlimmer, als ein armer Jude, mageres Schweinefleisch und eine betrunkene Frau. *(Ungarisches Sprichwort)*

Es gab noch nie ein Übel ohne ein Weib an einem Ende.
(Waliser Sprichwort)

Zitatort MANN

Es hat zwar den Anschein, als habe der geistige Hochadel zum Thema Frau mehr Gehässiges abgesondert, als zum anderen, besser gesagt zum eigenen Geschlecht, aber da die Autoren sich zu den vorbildlichen Vertretern der Spezies Mann zählen und dieses Büchlein natürlich an Jungs und Mädels verscherbeln wollen, haben wir keine Mühe gescheut, um die entsprechenden Quoteninjurien aufzuspüren.

Hinter jedem erfolgreichen Mann steht eine Frau, die ihn stützt. Und hinter jeder erfolgreichen Frau stehen drei Männer, die sie zurückhalten wollen. *(Waltraud Schoppe)*

Daß die Frauen immer das letzte Wort haben, beruht hauptsächlich darauf, daß den Männern nichts mehr einfällt. *(Hanne Wieder)*

Frauen machen sich nur deshalb schön, weil das Auge des Mannes besser entwickelt ist, als sein Verstand. *(Doris Day)*

Ein Frauenkenner ist ein Mann, der nur Frauen kennt, die er besser nicht kennen würde und von ihnen auf Frauen schließt, die er nie kennen wird. *(Anonym)*

Eine Frau am Steuer ist ein Mensch, der die Verkehrsvorschriften befolgt und dann beschimpft wird, daß er einen Mann behindert, der sie nicht befolgt. *(Anonym)*

Ein Mann ist ein Lebewesen, das die Fußballkarten für drei Monate im voraus kauft und mit den Weihnachtseinkäufen wartet bis Heiligabend. *(Anonym)*

Was ist der Unterschied zwischen Männern und Parfüms? Parfüms verduften, wenn man eine Flasche aufmacht. *(Hanne Wieder)*

Männer geben unter Umständen zu, daß sie unrecht haben, aber sie werden niemals zugeben, daß ihre Frau recht hat. *(Fita Benkhoff)*

Männer sind in der Regel größer als Frauen, weil das Unkraut die Blumen stets überwuchert. *(Fita Benkhoff)*

Die Behauptung, ein Mann könne nicht immer dieselbe Frau lieben, ist so unsinnig wie die Behauptung, ein Geigenspieler brauche für dasselbe Musikstück mehrere Violinen. *(Honoré de Balzac)*

Was ist der Unterschied zwischen einem Autoreifen und einem Mann? Ein Autoreifen muß mindestens einen Millimeter Profil haben. *(Lisa Fitz)*

Deutsch ist schon deshalb eine gute Sprache, weil in ihr Mensch und Mann nicht das gleiche sind. *(Wolfgang Hildesheimer)*

Männer sind Mai, wenn sie freien und Dezember in der Ehe.
(Shakespeare, Wie es euch gefällt)

Männer brauchen Frauen um sich, sonst verfallen sie unaufhaltsam der Barbarei. *(Orson Welles)*

Alle Männer sind ichbezogene Kinder. *(Christa Wolf)*

Ach da ist meine Wäscheleine, sagte die Frau, als sie ihren Mann erhängt im Stall fand. *(Belgisches Sprichwort)*

Der Mann ist das Haupt, die Frau die Krone. *(Anonym)*

Wenn eine Frau pfeift, zittern sieben Kirchen. *(Tschechisches Sprichwort)*

Denn die Männer sind heftig und denken nur immer das Letzte, und die Hindernis treibt die Heftigen leicht von dem Weg. Aber ein Weib ist geschickt, auf Mittel zu denken und wandelt auch den Umweg, geschickt zu ihrem Zweck zu gelangen.
(Goethe, Herrmann und Dorothea)

Eine gescheite Frau hat Millionen geborener Feinde – alle dummen Männer. *(Marie von Ebner-Eschenbach)*

Frau zu sein ist schwer. Man muß denken wie ein Mann, sich benehmen wie eine Dame, aussehen wie ein Mädchen und schuften wie ein Pferd. *(Anonym)*

Männer leben vom Vergessen, Frauen von Erinnerungen. *(T.S. Eliot)*

Des Mannes Schlußfolgerungen werden durch Mühen erreicht, die Frau erreicht dasselbe durch Zuneigung. *(Ralph Emerson)*

Wie doch der Mann verliert, wenn seine Frau auftritt! *(Curt Goetz)*

Das Weib im Mann zieht ihn zum Weibe; der Mann im Weibe trotzt dem Mann. *(Christian Friedrich Hebbel)*

Die Weiber lieben die Stärke, ohne sie nachzuahmen; die Männer die Zartheit, ohne sie zu erwidern. *(Jean Paul)*

Keine Frau kann zu gleicher Zeit ihr Kind und die vier Weltteile lieben, aber der Mann kann es. *(Jean Paul)*

Männer halten selten einen Beruf aus, von dem sie nicht glauben oder sich einreden, er sei im Grunde wichtiger als alle anderen. Ebenso ergeht es Frauen mit ihren Liebhabern.
(Nietzsche, Menschliches, Allzumenschliches)

Ob die Weiber soviel Vernunft haben als die Männer, mag ich nicht zu entscheiden, aber sie haben ganz gewiß nicht so viel Unvernunft. *(Johann Gottfried Seume)*

Geschlechtlich genommen ist der Mann eine Einrichtung der Frau, die den Zweck hat, das Geheiß der Natur auf die wohlfeilste Art zu erfüllen. *(G.B. Shaw)*

Warum wollen die Frauen immer die Männer der anderen? Warum ziehen die Pferdediebe ein zahmes Pferd einem wilden vor?
(G.B. Shaw, Haus Herzenstod, Vorrede)

Alle Frauen werden wie ihre Mutter, das ist ihre Tragödie. Kein Mann wird wie seine Mutter, das ist die seine. *(Oscar Wilde)*

Frauen sind der Triumph der Materie über den Geist, so wie Männer den Triumph des Geistes über die Moral darstellen. *(Oscar Wilde)*

Die Beerdigung

Gestorben wird immer, das gehört zu den Dingen im Leben, auf deren Eintreten man sich verlassen kann, und mit zunehmendem Alter kommen die Einschläge auch immer dichter, wie es so schön heißt, die Personaldecke wird also dünner, was den Bekanntenkreis des teuren Verblichenen angeht, und so werden wir gebeten, ein paar Worte aus gegebenem Anlaß zu sprechen. Dazu aber später, zuvor einige Anmerkungen zum Thema, die Ihnen bei der Konversation in der Kapelle, rund ums offene Grab und bei der anschließenden Nachfeier von Nutzen sein werden. Katja Epstein hat einmal gesagt, Abschied ist ein bißchen wie Sterben, und das ist natürlich völliger Unsinn.

Umgekehrt wird ein Schuh draus! Sterben ist ein bißchen wie Abschied und meist kommt es ungelegen. »Wie, ich komme bei 220 km/h auf der Landstraße ins Schleudern, pralle gegen ein landwirtschaftliches Nutzfahrzeug, fliege von da in eine Kuhherde und dann die Böschung runter, wo ich endlich in Flammen aufgehe? Das habe ich mir aber anders vorgestellt, lieber Gott! Irgendwie im Bett, mit netten Leuten, Kerzen an, Schampus, schöne Musik und dann nach dem achten Mal einnicken und nicht mehr aufwachen, das wär was, aber doch nicht so! Scheißspiel. Aber es soll halt eine Überraschung werden. Nicht umsonst rät der Volksmund: Lebe jeden Tag so, als ob es dein letzter wäre, irgendwann stimmt es!«

Ich glaube auch nicht an Vorherbestimmung. Es ist nicht logisch. Nehmen wir einmal an, ich säße im Flugzeug und dem Piloten wäre es vorherbestimmt, jetzt den Löffel abzugeben, dann hänge ich mit drin in der Nummer!

Natürlich hat der Gedanke, daß man den Zeitpunkt seines Ablebens genau kennt, etwas ungemein Faszinierendes. In diesem Falle wüßte ich auch, was ich täte. Ich würde mich für eine Papstaudienz anmelden und dann so in die Reihe stellen, daß es mich genau dann vom Schlitten haut, wenn der Kerl mich anpackt. Die Schlagzeile am nächsten Tag! »Papst tötet Pilger!«

In Amerika gibt es seit einiger Zeit ein Gesetz, das zum Tode Verurteilten gestattet, in der ihnen verbleibenden Zeit noch zu heiraten. Da klingen die Worte des Geistlichen: »Bis daß der Tod euch scheidet« schon irgendwie makaber. Und dann die Frage, was schenkt man dem jungen Paar? Ein Toaster ist ja auch ein bißchen krass.

Die Todesstrafe ist überhaupt ein gutes Thema für Trauerfeiern. Vielleicht in Form eines kleinen Referats, das Sie beginnen könnten mit: »Ich finde übrigens die Todesstrafe sehr sinnvoll«, woraufhin auf jeden Fall schon mal Ruhe eintritt. »Meine Frau meint ja, es wäre Quatsch, weil es andere Täter nicht abschrecke, ich sage dann immer, über die anderen können wir uns in Ruhe Gedanken machen, wenn wir sie haben, diesen Wichser wird es auf jeden Fall abschrecken. Dann kommt sie immer mit dem Argument der Unzurechnungsfähigkeit. Wenn ich das schon höre! ›Hohes Gericht, mein Klient wußte nicht, was er tat!‹

Na fein, dann wird der Gödel auch nicht raffen, was wir mit ihm tun!

Ich bin auch durchaus dafür, Hinrichtungen im Fernsehen zu übertragen, gerade wegen der positiven Auswirkungen auf Kinder. ›Komm sofort her, los, guck dahin, das ist einer, der seine Aufgaben auch nicht machen wollte!‹«

In Rußland richten sie doch andauernd Leute hin, die soundsoviele Menschen umgebracht und aufgefressen haben, was bestellt sich eigentlich so ein Mann als Henkersmahlzeit. Das Thema Kannibalismus sollten wir allerdings jetzt nicht verschießen, wir werden es gesondert behandeln in unserem Kapitel »Gespräche mit Vegetariern«.

Vielmehr könnte man abschließend die alte Streitfrage diskutieren: Soll man bei geöffnetem oder geschlossenem Sarg Abschied nehmen? Tip: Ein Tritthebel, etwa wie beim Küchenmülleimer.

Ein anderer, stimmungsadäquater Gesprächsbeitrag könnte sein: »Meine Freundin ist auch vor kurzem gestorben. Es hat eine Woche gedauert, bis ich darüber lachen konnte. Ich war aber nicht auf der

Beerdigung, ich habe einfach niemanden gefunden, der mit mir hingehen wollte. Ihre Schwestern hatten eine Familienfeier und meine Frau wollte auch nicht mit.«

Abschließend nun einige Vorschläge, wie sie mit wenigen Worten eine Trauergemeinde zu Begeisterungsstürmen hinreißen können.

Die Grabrede

Wir haben uns hier versammelt, um Abschied zu nehmen von Franz-Josef Steguweit, Hammer-Franjo, wie er in Anspielung auf das Auffälligste und Meistbeschäftigte an ihm gern genannt wurde.

Er war kein schöner Mann, ja, ich möchte fast sagen, so gut wie heute hat er noch nie ausgesehen, er war kein beliebter Mann, so viele Blumen wie heute hat er sicher in seinem ganzen Leben nicht bekommen, aber er war ein steinreicher Mann. In geselliger Runde, also praktisch jeden Abend, pflegte er die Geschichte seines Reichtums zu erzählen, wie er als Kind einmal einen Apfel geschenkt bekommen, diesen auf Hochglanz poliert und verkauft habe. Von dem Erlös kaufte er zwei Äpfel, polierte und verkaufte sie. Von diesem Geld wiederum kaufte er vier Äpfel, polierte sie und erbte dann die Fabriken seines Vaters. Von da an war er rund um die Uhr damit beschäftigt, die Kohle durchzubringen. Er war im Grunde ein Arsch, aber saufen konnte er. Von seinen Blutproben veranstaltete die Polizei regelmäßig Kameradschaftsabende.

Und so sind die von seinem Ableben am tiefsten Betroffenen natürlich die Gastronomen des Landes. Hätte der Gesetzgeber als Bestattungsmöglichkeit auch das Flambieren vorgesehen, die Sponsoren stünden Schlange.

Sie, liebe Frau Steguweit, können heilfroh sein, denn sicherlich ist Ihnen noch genug Schotter geblieben, um sich mit einem netten Kerl einen schönen Lenz zu machen, denn so, wie Ihr Göttergatte im Puff herumwütete, ist kaum anzunehmen, daß für sie noch viel an Zuwendung übrig blieb. Unverständlich, wenn ich Sie mir so ganz langsam von oben bis unten anschaue, aber er war halt nicht der Hellste, unser Franjo.

Tja, Bude zu, Affe tot, kann ich nur sagen, und schließen möchte ich mit Franjos Lieblingstrinkspruch: Zum Zipfel, zum Zapfel, zum Kellerloch rein, heute wollen wir lustig sein!«

Viele Hinterbliebene werden es auch als ausgesprochene kulturelle Aufmerksamkeit empfinden, wenn Sie den Nachruf auf den teuren Verblichenen in Verse fassen.

Sechs Zeilen für ein stadtbekanntes Arschloch

Fast jedem in der Stadt ist klar,
daß er als Kind schon Scheiße war.
Folgerichtig steh'n wir hier
und schneuzen uns in Klopapier.
Sein Fortgang hat uns leicht entsetzt,
doch fragen wir, warum erst jetzt?

Für einen leichtsinnigen Tankstellen-User

Es ist Kühnheit und nicht Mut,
wenn wer beim Tanken rauchen tut.
Wie schön, daß, wenn auch reichlich spät,
sein Wunschtraum in Erfüllung geht:
In jeder Hosentasche
stets jede Menge Asche!

Für einen konsequenten Mantafahrer

Unser Manni war echt toll,
fuhr jederzeit, egal wie voll.
Schnaps und Bier, doch selten Fanta.
Niemals Porsche, immer Manta!
Er will uns folgendes vermachen:
Bäume sind recht harte Sachen!
Zweitens: einen dicken Baum
fällt man mit dem Fuchsschwanz kaum.
Drittens: bitte nicht vergessen,
nie beim Fahren Fritten essen!

Viertens: Ruhm nur der erlebt,
der sich selber tieferlegt!

Poetisches Geleit für einen Jünger der Esoterik

Heute trauern wir um Erich,
Erich lebte esoterisch.
Hatte einen leichten Sprung,
stand auf Seelenwanderung.
War in einem frühen Leben
Gustav Adolf – der von Schweden.
Auch als wilder Dschingis Khan
stand der Erich seinen Mann.
Danach war er Anna Boleyn,
schmierte Heinrich Acht die Stullen.
Als Louis Trenker auf dem Gipfel
hat er wieder einen Zipfel.
Und als König Löwenherz
zog er palästinawärts.
Dort gab er sich kriegerisch,
ja, Erich hat viel hinter sich.
Aus Eichenholz ist nun sein Häuschen,
darin macht er jetzt mal 'n Päuschen.

Finales Halali für einen Waidmann

In hübsch geschnitzter Eichentruhe
betten wir zur letzten Ruhe
einen wack'ren Jägersmann,
den der Herrgott zu sich nahm.
Eines morgens auf der Pirsch
zielte er auf einen Hirsch.
Vermutlich hat er falsch geladen,
Resultat: Personenschaden.
Denn als den Hirsch er anvisierte,
geschah's, daß laut sein Rohr krepierte.

Fehler beim Patronenkauf,
da nahm das Schicksal seinen Lauf.

Zwei eilige Zeilen für einen Geisterfahrer

Er war, das haben wir geschätzt,
entgegenkommend bis zuletzt.

Witze für die Beerdigung

Ein Kapitel über den seltensten Moment in unserem Leben, und damit meinen wir nicht den zur allseitigen Zufriedenheit verlaufenen Coitus, sondern, lieber Leser, der Du, aus welchen Gründen auch immer, dieses Büchlein erstmalig und zufällig gerade an dieser Stelle öffnest, das Abgeben des Löffels und die damit verbundenen Feierlichkeiten, wäre nicht vollständig ohne eine Auswahl der schönsten und für diesen ruhigen Moment, in dem uns die Aufmerksamkeit so sicher wie sonst kaum sein wird, am besten geeigneten Witze, jener Literaturform, die den strengsten Mustern überhaupt folgt und die am meisten verbreitete und quer durch alle Schichten geschätzte Textsorte darstellt. Geschickt über den Abend verteilt, bringen diese Vitalperlen deutschen Lachguts richtig Leben in die Bude.

Ein notorischer Fremdgänger stirbt und wird begraben. Nach einiger Zeit läßt die Witwe aus einem Gefühl heraus das Grab öffnen und findet einen Zettel: »Du wirst es nicht fassen, ich kann es nicht lassen, bin drei Gräber weiter, bei der Frau Reiter.«

Zwei Bestattungsunternehmer beim Bier. Sagt der eine: »Wie gehen die Geschäfte?« »Gut. Ich hatte heute drei Feuerbestattungen, vier Erdbestattungen und zwei Kompostierungen.« »Kompostierungen?« »Ja, die Grünen kommen auch langsam in die Jahre.«

Zwei Männer im Schnellimbiß. Der eine kommt nicht klar und schimpft: »Feife, hab mein Bebif verbeffen.« Zieht der andere eins aus der Tasche und sagt: »Probieren Sie mal dieses.« »Pafft niff.« »Und dieses?« »Auf niff.« »Und dieses?« »Wunderbar, das ist ja toll, sind Sie Dentist?« »Nein, Bestattungsunternehmer.«

»Könnten Sie die Bestattung meiner Frau übernehmen?«
»Aber ich habe Ihre werte Gattin doch vor drei Jahren bestattet.«
»Ich habe wieder geheiratet.«
»Ja, da gratuliere ich doch ganz herzlich!«

Ein Reinlichkeitsfanatiker ist gestorben und hat letztwillig verfügt, daß der Trauerkonvoi geschlossen durch die Autowaschanlage fährt.

Was ist der Unterschied zwischen einer Witwe und einer Ehefrau?
Die Witwe weiß immer, wo ihr Mann ist.

Stehen zwei vor einem Grabstein, sagt der eine: »Wer ist denn der andere?« »Welcher andere?« »Da steht doch: Mit ihm starb einer unserer besten Kommunalpolitiker.«

Der Witwer wird gefragt: »Wirst du irgendwann noch mal heiraten?«
»Nöö, ne Bessere krieg ich nicht, und noch mal genauso eine will ich nicht.«

500ste Vorstellung des Erfolgmusicals, die Karten sind seit Monaten weg, die Schwarzmarktpreise astronomisch, neben einer schwarzgekleideten Dame ein freier Platz. Ein Herr: »Verzeihen Sie, gehört der Platz Ihnen?« »Es war der Platz meines Mannes, er ist tot.« »Konnten Sie die Karte nicht weggeben?« »Ich hab's versucht, aber alle unsere Bekannten sind bei der Beerdigung.«

Und als Schlußlicht noch ein paar launige Grabsteininschriften, sozusagen letzte T-Shirtsprüche, oder auch Deadlines:

Der Spanner – Der ist weg vom Fenster.

Die Putzfrau – Sie kehrt nie wieder.

Der Zahnarzt – Hier füllt er sein letztes Loch.

Die Jungfrau – Ungeöffnet zurück.

Der Hypochonder – Ich hab's ja gleich gesagt.

Der Boxer – Du kannst zählen, bis du schwarz wirst, ich bleib liegen.

Der rauchende Tankwart – Ein leuchtendes Vorbild.

Der herzkranke 80jährige Freier – Er kam und ging.

Der Alzheimer-Patient – Wir werden ihn nie vergessen, egal, wie er hieß.

Der Skatbruder – Er hat sich totgefunden.

Der Kegelbruder – Gut Holz.

Der deutsche Bergarbeiter – Hängen im Schacht.

Der italienische Bergarbeiter – O Sohle mio.

Der Regisseur – Gestorben, alles im Kasten, Drehschluß.

Der Beamte – Endlich ausschlafen.

Der Bestattungsunternehmer – Selbst ist der Mann.

Der Golfspieler – Sauber eingelocht.

Der Elektriker – Gut geerdet.

Der Philosoph – Ich dachte, also war ich.

Der Computerfreak – Aus die Maus.

Die Mona Lisa

Es gibt viele Möglichkeiten, Klugscheißern das Lebenswasser, sprich: die Aufmerksamkeit der Umstehenden, Sitzenden oder gar Liegenden abzugraben. Eine davon ist, sich tatsächlich das Zeug, um das es gerade geht, draufzuschaffen. Kein Problem. Und dann stehen Sie halt im Louvre vor der Mona Lisa und erzählen. Daß Leonardo ja ein uneheliches Kind gewesen sei, bei seiner Geburt am 15. April 1452, Vater Notar, Mutter ein Bauerntrampel namens Catarina, daß relativ wenige gesicherte Gemälde erhalten sind, die aber durch dieses weiche Halblicht, das berühmte »Sfumato« sehr zu gefallen wissen, daß der Meister aber im übrigen das größte Universalgenie seiner Zeit war und unter anderem sowohl einen Stechheber erfunden hat, als auch ganz tolle, sozusagen wegweisende Landkarten von der Toskana gemalt hat. So weit, so gut, so what? Wir wollen uns doch positiv von den notorischen Eierköpfen abheben, und das geht doch nur, wenn wir den Bildungssums als bekannt voraussetzen, was unsere Umwelt schon mal dankbar aufstoßen läßt und im übrigen eine kurzweilige Geschichte erfinden. Um im Bilde zu bleiben, wir stehen im Louvre, im Angesicht der Mona Lisa und erheben unsere Stimme wie folgt:

Die Mona Lisa hieß eigentlich Willi Papenkort und war ein Metzgergeselle aus dem Sauerland. In den 1870er Wirren nahmen ihn die Lippischen Schützen als Maskottchen mit in den Krieg, wo er dann bei der Sehschlacht bei Sehdan, jenem denkwürdigen Scharmützel, zu dem nur Brillenträger zugelassen waren, verloren ging.

Er diente dann lange Zeit als Gallionsfigur, also Meeresvogelscheuche, auf einem französischen U-Boot, wo er aber bald dem Deckoffizier wegen seiner unwahrscheinlichen Schönheit und Einfalt ins Auge stach.

Der nahm ihn dann nach Feierabend häufig mit unter Deck, zum Üben, er war nämlich Hobbymaler. So entstanden die ersten Unterwasseraquarelle.

Willi Papenkort wurde dann im selben Jahre von spanischen Piraten erbeutet und gekielholt. So nannte man damals die in der chrischlischen Seefahrt sehr verbreitete Geschlechtsumwandlung. Der spanische Kapitän adoptierte das hübsche Mädchen vom Fleck weg und nannte sie von Stund an »Mona Lisa«, also »meine Lisbeth«.

Sie ging wenig später bei einem Seebeben von Bord, und Leonardo da Vinci, was man mit »der kleine Löwe« übersetzen könnte, der sich zufällig zur Kur auf dem Schoner aufhielt und zu diesem Zeitpunkt schon gelähmt und halbblind war, malte nach den Angaben des vor Trauer sprachlosen Kapitäns mit dem Munde die Mona Lisa.

Es ist ursprünglich ebenfalls ein Aquarell, das Öl kam erst später hinzu. Es ist ja eine bekannte Unsitte des Italieners, an alles Öl zu tun.

Das ist die Wahrheit über die Mona Lisa, ein andermal werde ich Ihnen erzählen, wieso ein Schieferturm das Wahrzeichen Pisas ist und nicht ein Bohr- oder Eiffelturm.

Man wird noch lange von Ihnen reden!

Verunglimpfung von Mitmenschen aufgrund besonderer Merkmale – zum Beispiel der Kleinwüchsigkeit

Nanismus, Nano- oder Mikrosomie, wie der Wissenschaftler den Zwergwuchs nennt, ist harmlos, unverschuldet und angeboren. Die Betroffenen haben also keinerlei Einfluß darauf und sind durch die Bank liebenswerte Menschen oder anders gesagt, so wertvoll wie ein kleines Steak. Die Autoren selber sind nur haarscharf an dieser Kategorie vorbeigeschrammt, ahnen also, wovon sie reden.

Jeder hat in der Verwandt- oder Bekanntschaft kleine Menschen. Manchmal, bei Familienfesten, aus Übermut oder auch völlig grundlos, möchte man sie necken. Dazu kann man zunächst einmal die Sekundärliteratur, sprich, den gängigen, Witzkanon bemühen, indem man den Namen des Be-, bzw. zu Treffenden einsetzt. Wir greifen einmal völlig willkürlich zwei prominente Kleinwüchsige heraus, um an ihrem Exempel ein ebensolches zu statuieren.

Blüm und Maffay stehen (!) in einer Kneipe. Ruft Maffay: »Ober, zwei Kurze!« Ruft der Ober: »Dat seh ich selber, aber wat wollt ihr trinken?«

Oder: Warum lacht Peter Maffay, wenn er über die Heide läuft? Weil ihn die Gräser am Sack kitzeln.

Nicht zu vergessen: Wenn Nobbi ein Ei aus der Tasche fällt, bleibt es heil!

Und natürlich sind beide beim Fußballspielen immer auf Ballhöhe.

Beschert uns das Glück einen kleinen Intellektuellen in unserer Runde, können wir auch mit Goethe dienen. Der läßt nämlich den Mephisto im Faust I in der Studierzimmerszene, Vers 1627, sagen: »Dies sind die Kleinen von den Meinen.«

Für Heiterkeit sorgen mit einiger Sicherheit auch persönliche Fragen, wie: »Wie haben Sie eigentlich Ihre Frau kennengelernt?« »Durch eine Kleinanzeige?«

»Stimmt es eigentlich, Herr Maffay, daß Sie keine Mikrophone mögen?«

»Herr Maffay, es heißt immer, Sie seien in Rumänien aufgewachsen, was ist da schiefgelaufen?«

Und: »Stimmt es, daß Sie Ihr morgendliches Fitneßprogramm vor dem Rasierspiegel absolvieren?«

Damit sind wir einmal mehr bei den Scherzfragen angelangt, ein schier unverzichtbares und unerschöpfliches Füllhorn der Komik.

Wußten Sie, daß Peter Maffay Rumänien aus religiösen Gründen verlassen hat? Der Glaube kann Zwerge versetzen!

Wie wurde Peter Maffay entdeckt? Unter dem Mikroskop.

Was erzeugt Nobbi beim Schwimmen? Mikrowellen.

Wie nennt man Nobbi vor Gericht? Mikroprozessor.

Welcher Fanartikel wird bei Maffay-Konzerten vornehmlich von den jüngeren Besuchern häufig verlangt? Maffaypuppen in Originalgröße.

Beenden wollen wir dieses Kapitel mit der Königsdisziplin der Verunglimpfung, einem erfundenen Interview, wobei die Antworten dem Opfer ein Maß an Selbstironie unterstellen, von dem es sicher aufs angenehmste überrascht sein wird.

Frage: »Herr Maffay, wie halten Sie Ihre schlanke Linie?«
Antwort: »Ich ernähre mich ausschließlich von meinen Texten.«
Frage: »Sind Sie eigentlich religiös?«
Antwort: »Selbstverständlich, ich war sogar Ministrant.«
Frage: »Werden Sie eher als Star oder als Kumpel gesehen?«
Antwort: »Als Kumpel, die Leute bleiben meistens sitzen, wenn ich mit ihnen spreche.«
Frage: »Sie gelten als schlechter Skiläufer. Was ist Ihr Hauptproblem dabei?«
Antwort: »Das Wachsen.«
Frage: »Welche Sportarten betreiben Sie sonst noch?«
Antwort: »Hochsprung, Minigolf und Reckturnen, besonders die Riesenfelge.«
Frage: »Wie fing alles an?«

Antwort: »Ich komme aus kleinen Verhältnissen. Ich wurde in einer Zigarrenkiste geboren, meine Eltern haben sie nicht einmal leergeräumt.«
Frage: »Sie leiden unter Höhenangst. Wann haben Sie diese Phobie bemerkt?«
Antwort: »Als ich das erste Mal vom Bürgersteig auf die Fahrbahn wollte.«
Frage: »Wo haben Sie Ihre Unschuld verloren?«
Antwort: »Im Auto, genauer gesagt, im Handschuhfach.
Frage: »Welchen Kosenamen haben Sie Ihrer ersten festen Freundin gegeben?«
Antwort: »Meine Winzbraut.«
Frage: »Lesen Sie gerne?«
Antwort: »Total gerne. Meine Lieblingsbücher sind: Der kleine Muck, Zwerg Nase und Peterchens Mofa.«
Frage: »Stimmt es, daß Randy Newman seinen Hit »Short People« für Sie geschrieben hat?
Antwort: »Keine Ahnung, aber Elton John hat mir »Tiny Dancer« gewidmet.«
Frage: »Sie engagieren sich sehr für die Umwelt ...«
Antwort: »Ja, besonders für bedrohte Bäume, wie Bonsai und Petersilie.«
Frage: »Man weiß, daß Sie sehr spartanisch eingerichtet sind ...«
Antwort: »Stimmt. Meine größten Möbelstücke sind eine Minibar und eine Strickliesel.«
Frage: »Was sehen Sie sich gerne im Fernsehen an?«
Antwort: »Meine Favoriten sind die Sendung mit der Maus, die Miniplaybackshow und Hamster-TV.«
Frage: «Sie gelten als Perfektionist. Machen Sie trotzdem mal Fehler?«
Antwort: »Natürlich, Kleinhirn macht auch Mist.«
Frage: »Sind Ihre Locken echt?«
Antwort: »Nein, ich trage Miniplis.«
Frage: »Mögen Sie Kinder?«
Antwort: »Eigentlich nicht. Die meisten sind mir zu groß.«

Frage: »Trotzdem planen Sie eine CD mit Kinderliedern, u. a. ›Zehn kleine Negerlein‹, richtig?«
Antwort: »Ja, allerdings wird das Lied heißen: Zehn mittelgroße Afroamerikaner.«
Frage: »Könnten Sie sich einen anderen Beruf vorstellen als Rockstar?«
Antwort: »Winzer.«
Frage: »Haben Sie manchmal Ängste?«
Antwort: »Ja. Ich träume, daß Claudia Schiffer mich sucht und nicht findet, daß mich Dustin Hoffmann über den Haufen rennt und daß ich beim Raufen mit meinem Meerschweinchen gegen den Tisch stoße und vom Tischfeuerzeug erschlagen werde.«

Peter Maffay, wir danken Ihnen für dieses Gespräch.

Arbeit und Dichtung (Papst)

Apropos: Als Sie noch klein waren, wie oft haben Sie da gedacht: Was soll ich werden, Arzt, Maler oder Fensterputzer, egal, Hauptsache, nackte Weiber gucken. Aber mal im Ernst: Was sind Sie denn nun geworden? Sehen Sie! Sicherlich Grund genug, einen gesunden Haß auf Menschen zu entwickeln, die etwas anderes geworden sind, zum Beispiel Päpste, Maler oder . . . aber lassen wir das. Wieder einmal wollen wir ihnen zur persönlichen Erbauung und Aggressionsabfuhr die Handhabung des lyrischen Floretts demonstrieren.

Wir bleiben einfach mal beim Papst, dem ruhenden Polen der katholischen Kirche.

Der Papst erzählt nach fünf Glas Wein
Blondinenwitze auf Latein.
Wird er noch breiter ganz allmählich,
erzählt er sie auf aramäisch.

Das Vorspiel nahm den Papst so mit,
daß er von der Äbtissin glitt.

Selbst die frömmsten Päpste zieren
Teile, die noch funktionieren.

Unsern Papst sein jüngsten Sohn
macht aus Wein Mariacron.

Verliest der Papst die zehn Gebote,
erhöht's im Dom die Einschlafquote.
Manchmal liest er auch nur neun,
dann können alle früher heim.

Wie immer, wenn der Samstag naht,
freut sich der Papst aufs Zölibad.

Ist dem Papst nach einem Schläfchen,
zählt er im Petersdom die Schäfchen.

Selbst der große heil'ge Vater
kriegt von Glühwein einen Kater.

Auf des Papstes kleinem Pimmel
wächst vor Einsamkeit schon Schimmel.

Päpste kriegt man gut im Osten,
weil die da die Hälfte kosten.

Was der Papst so gar nicht mag,
sind Glückwünsche zum Vatertag.

Hat der Papst mal einen Ständer,
geht es meist in die Gewänder.

Hat der Papst mal keinen stehen,
braucht er auch nicht beichten gehen.

Jedes Jahr, wenn Fasching ist,
geht der Papst als Exorzist.

Es spricht der Papst: »Der Meßwein
kann ruhig von Otto Mess sein.
Denn in harten, dürren Jahren
heißt es sparen, sparen, sparen.«

Der Papst kriegt jeden Freitag Fisch
und reihert davon jämmerlich.
Und nach Genuß von Schalentieren
sieht man ihn nur auf allen Vieren.

Nicht mal der Papst hält Minestrone
für Ministrantin oben ohne.

Selbst im allerkleinsten Nest
saugt sich der Papst am Boden fest.
Daraus erhellt: Ein Mensch wie wir
ist unser Papst, ein Säugetier.

Der Vatikan ist rappelvoll,
fast platzt er aus den Nähten,
die Pilger, sie sind zappeltoll,
singen, schunkeln, beten.
Da tritt der Papst auf den Balkon,
noch lauter wird der Rummel,
denn aus der Frühjahrskollektion
trägt er 'nen weißen Fummel.
Und da, er holt 'nen Fuchsschwanz raus
und tut ihn rasch bewegen,
die Menge rastet förmlich aus
bei diesem Ostersägen.

Predigt

Womöglich kommen wir ja einmal in die Situation, für einen befreundeten Pfarrer eine Gastpredigt zu halten. Dieses ist durchaus nicht so weit hergeholt, wie es auf den ersten Blick scheinen mag, fand sich doch selbst Stefan Effenberg, der sportinteressierte Zeitungsleser wird sich sicher erinnern, vor gar nicht langer Zeit auf einer Kanzel wieder. Wir wissen nicht, was Stefan Effenberg gesagt hat, aber Sie könnten zum Beispiel folgendes sagen:

Meine lieben Schafe!

Keine Bange, wenn ich die Sache hier heute morgen mal ein bißchen anders aufziehe, als ihr das gewohnt seid. Ich denke nämlich, daß sich die Kirche von allen möglichen liebgewordenen Gewohnheiten verabschieden muß, wenn sie hier und heute noch was vom Teller ziehen will.

Warum geht keiner mehr in die Kirche, warum treten die Leute scharenweise aus? Weil die Kirche von gestern ist, was sage ich, aus dem vorigen Jahrtausend, wir haben aber heute!

Wir müssen die Bibel einfach als ein spannendes Märchenbuch betrachten, wo die Autoren auch schon mal den Überblick verloren haben. Nehmen wir die Sache mit der Sintflut und der Arche Noah. Gott hat die Faxen dick, er will die Welt vernichten, das kann man verstehen. Aber er sagt, wir fangen neu an, nehmen von jedem Tier ein Paar und einen gewissen Noah und seine Frau, und alles andere ersäuft.

Und hier ist doch der erste Denkfehler: Was ist mit den Fischen?

Ich sehe den unbekannten Dichter richtig vor mir, wie er eines Nachts wach wird, sich vor die Birne haut und ruft: »Scheiße, die Fische!« Aber da war es natürlich schon zu spät. Damals konnte man ja nicht noch mal schnell mit dem Cursor an die Stelle und einfach einfügen: Und Noah sprach: »Das hab ich alles soweit gerafft,

Herr, aber was ist mit den Fischen?« »Da schmeiß ich mal gerade zehn Millionen Alka Seltzer in die Weltmeere, und die Jungs treiben ganz schnell bauchoben, bis auf die zwei Pottwale natürlich, die du im Aquarium hast, Keule!«

Ansonsten ist das alte Testament von der Action her schon ein geiler Schinken. Gott führt sich stellenweise auf wie ein Hooligan. Nehmen wir die Sache mit Abraham, das muß man sich nur mal vorstellen, man wird als Familienvater wach und eine tiefe Stimme sagt: »Hier spricht der Herr, Abraham, liebst du mich?« »Ja sicher, Herr, irgendwo, klar doch.« »Abraham, zeig es mir!« »Wie, Herr, du meinst . . .?« »Nein, Abraham, doch nicht so, bring deinen Sohn um!« »O.K., Herr, ich seh den Witz nicht so ganz, aber wenn's dir Spaß macht, bitte.«

Und Abraham schleift seinen Filius, der natürlich gar nichts rafft, auf den Watzmann und will gerade mit dem Brotmesser auf ihn los . . . »Abraham, laß das, ich wollte doch nur deinen guten Willen sehen, mein Gott, ich glaube, du hättest ihn wahrhaftig abgemurkst, du Armleuchter.«

Sehr witzig. Und ab jetzt kein Wort mehr über die Vater-Sohn-Beziehung. Man möchte doch wissen, wie verarbeitet er das, gerät er an Drogen, geht er in ein Internat, wo er schwul wird, oder läuft er einer Sekte in die Arme, oder was?

Das neue Testament stammt erkennbar von einer anderen Autorengeneration, mehr die Zynikerfraktion. Gott will die Menschen erlösen, heißt es da, durch ein Opfer. Aber er kommt nicht selbst, er schickt den Kleinen. Überhaupt die ganze Weihnachtsgeschichte mit diesen drei sogenannten Weisen! »Ihr folgt jetzt diesem Stern, ist das klar?« »Logo, und wie lange?« »Bis er stehenbleibt, ist das klar?« »Logo.« »Und ihr nehmt Gold, Weihrauch und Myrrhe, klar?« »Logo.«

Und diese herrlichen Dinge, die wir alle gern hätten, vor allem Myrrhe, das Harz eines ostafrikanischen Baumes, schenkten sie dem erstbesten Ehepaar, das sie trafen und das so arm war, daß es sich nicht mal ein Hotelzimmer leisten konnte. Und hier haben die Autoren doch wieder geschludert, denn was ist mit dem Gold? Ich als Josef wäre doch sofort ins erste Haus am Platze gegangen, Bethlehem Interconti, hätte mir den Geschäftsführer kommen lassen und »Wie, Sie haben kein Zimmer für mich? Sehen Sie das hier? Damit kaufe ich diese ganze verschissene Hütte, und Sie fliegen als erste Amtshandlung raus!« So sieht's doch aus!

Ihr seht, meine Schafe, wenn man die Bibel so liest, dann macht sie auch Spaß. Apropos Spaß, beim nächsten Mal erzähle ich dann von Jesus und Maria Magdalena, Schalömchen allerseits!

Kreuz und Witz

Auch zum großen Thema Metaphysik hat der Volksmund denselben besonders gerne vollgenommen. Aus dem sahnigen Witzkuchen haben die Autoren, Exministranten und glühende Agnostiker, Ihnen ein paar Rosinen herausgepuhlt, mit denen Sie bei jeder Rockveranstaltung, etwa in Aachen oder Trier, wo jeweils der Rock des Herrn gezeigt wird, eine Atmosphäre toleranter Heiterkeit kreieren werden.

Und vielleicht wird sich in die Jubelrufe der Pauschalpilger nach Lourdes, dem katholischen Ballermann sechs, Rufen wie: »Ich kann wieder laufen, ich kann wieder sehen«, auch jener mischen: »Ich lach mich kaputt!« Wäre das nicht göttlich?

Ein katholischer und ein evangelischer Geistlicher kommen an einem Puff vorbei. Sagt der Evangele: »Ich werd mal nach dem Rechten sehen.« Nach zwei Stunden kommt er wieder raus und meint: »Echt guter Laden, tolle Frauen, aber mit meiner ist es doch schöner.« Daraufhin geht der Kathole auch mal nach dem Rechten sehen, kommt wieder raus und sagt: »Hast recht, mit deiner Frau ist es schöner.«

Erwin ist schon zehn und macht immer noch ins Bett. Sagt die Mutter: »Wenn das noch einmal vorkommt, ziehe ich dich ganz schwarz an.« Es kommt, wie es kommen muß und Erwin läuft in schwarz rum. Begegnet er dem Pfarrer. »Erwin, wieso bist du denn schwarz angezogen?« »Das müssen Sie doch am besten wissen!«

Ein alter Pastor, mitreißender Prediger, liebt anschauliche Vergleiche. Eines Sonntags brüllt er in Hochform: »Die Sünden sind wie große, gefährliche Bluthunde, die getötet werden müssen! Der Bluthund des Neides, der Bluthund der Völlerei, der Bluthund des Stolzes, der Bluthund der fleischlichen Begierde. Bevor wir in den Himmel gelangen, müssen wir diese Hunde töten. Und man kann es, meine Schafe, ich weiß es, denn ich habe es selber getan!«

Stimme von hinten: »Vater, sind Sie sicher, daß der letzte Hund nicht eines natürlichen Todes gestorben ist?«

Wußten Sie, daß nur 11 Prozent der Nonnen Jungfrau sind? Die anderen sind Löwe, Steinbock, Widder ...

Der Prediger ruft: »Alles, was Gott geschaffen, ist wunderbar und schön!«
Steht ein Buckliger auf und ruft: »Und was ist mit mir?«
»Das ist der schönste Buckel, den ich je gesehen habe!«

Jesus geht mit seinen Jüngern an einem Kornfeld entlang und gewahrt eine schöne junge Magd. Er heißt seine Jünger schon mal vorgehen und macht sich über die Magd her. Anschließend fragt er sie: »Weißt du eigentlich, wer ich bin?«
»Nein, aber du bumst wie ein junger Gott.«

Ein Mönch wird in einem Zugabteil von einem weltlichen Mitreisenden nach der Spezialität seines Ordens gefragt. »Ach, wissen Sie, wir sind nicht so gut ausgebildet wie die Jesuiten, haben auch kein Schweigegelübde wie die Trappisten, aber demutsmäßig sind wir die größten.«

Die Nummer der Telefonseelsorge für Atheisten: 0011 – Kein Anschluß unter dieser Nummer.

Ein Neuling in der Hölle darf sich zwischen zwei Türen entscheiden. Er lauscht an der ersten und hört fürchterliche Schreie, hinter der zweiten ist es still, und da geht er rein und findet eine Gruppe Büßer vor, die bis zur Unterlippe in Scheiße stehen und murmeln: »Mach bloß keine Wellen!«

Der Pastor fragt in der Schule: »Na, Kevin, was machst du, wenn du morgens wach wirst?« »Pipi.« »Und du, Oliver?« »Beten.« »Sehr schön, und wie lange?« »Bis ich mit Pipimachen fertig bin.«

»Nenn mir mal die zehn Gebote!« »Die krieg ich nicht zusammen, dürfen es auch die sieben Zwerge sein?«

Josef zu Maria: »Unser Sohn wird jetzt dreißig, wir geben ihm Geld und schicken ihn zu Maria Magdalena.« Und so geschieht es. Nach ein paar Minuten kommt sie schreiend aus dem Haus gerannt, gefolgt von einem sichtlich stolzen Jesus.
»Na, wie war's?« »Ja, gut, sie hat mir ihre Wunden gezeigt, und ich habe sie halt geheilt.«

Anecken in der Tafelrunde

Zu den Gruppierungen, die unserem Mitteilungsdrang herrlich hilflos ausgeliefert sind, zählen Tafelrunden. Und ein Thema, das diesem Anlaß aufs possierlichste frommt, sind »bodyly functions«, wie der Angelsachse zu euphemisieren geruht. Wir beginnen, wie üblich, täuschungshalber auf höchstem Niveau.

Wissen Sie eigentlich, was eine fötide Krepitation von hoher olfaktorischer Intensität ist? Nein? Na, ganz einfach, es ist ein besonders übelriechender Leibwind. Würden Sie regelmäßig Spiegel lesen, wüßten Sie das. Da stand vor einiger Zeit ein langer Artikel über Flatologie, diese noch recht junge Unterdisziplin der Gastroenterologie, die sich ausschließlich mit den Windvorgängen im Darminneren befaßt. Das war hochinteressant! Da stand, daß der darmgesunde Erwachsene im statistischen Tagesmittel 15,1 Flati, Krepitationen oder halt Abwinde entläßt. Die dabei freigesetzte Gasmenge schwankt je nach verdauungspflichtiger Nahrungsmenge zwischen 0,2 und 2,1 Liter Gasgemisch. Im Normalfall! Bei Flatulenz, also gesteigertem Windabgang, ist es mehr, bei Meteorismus, also Blähsucht, werden gar bis zu 5,2 Liter Gas täglich deflatiert. Das Gemisch im einzelnen will ich Ihnen ersparen, interessant wird die Sache nur, wenn Methan im Spiel ist, denn dann können Sie Ihren Furz anzünden! Halt, halt, bevor Sie jetzt alle nach Ihrem Einwegfeuerzeug suchen, es ist nur bei etwa einem Drittel der Menschheit der Fall, die Wissenschaft nimmt an, es ist genetisch bedingt, also fragen Sie mal im Elternkreise herum, wenn Ihre Mutter es schon konnte, dann gehören Sie höchstwahrscheinlich auch zu den Auserwählten, die bei jeder Erstkommunion, goldenen Hochzeit oder Beerdigung umjubelter Mittelpunkt sind. Ich sehe die eine oder andere gerümpfte Nase, früher war man da nicht so pingelig! Denken Sie an Luther, der fragte: »Warum rülpset und forzet ihr nicht, hat es euch nicht geschmacket?« Oder denken Sie an das berühmte Shakespeare-Wort: »Blast Winde, spaltet krachend die Backen!«

Genau wie die Klassiker haben auch Kinder keine Berührungsängste, was den Leibwind angeht. Fragen Sie mal ein Kind: »Äh, wat hältst du von 'nem schönen Furz?« Dann wird das Kind sagen: »Mh, die eigenen sind o.k.!« Erwachsene verlernen, scheint's, irgendwo während ihrer Sozialisation den natürlichen Umgang mit ihren Körperfunktionen. Dabei ist das so wichtig für uns! Es ist eine Form, sich auszudrücken. Es ist oftmals für jemanden, der sonst über keinerlei Talente verfügt, die einzige Möglichkeit überhaupt, sich in Gesellschaft Gehör zu verschaffen! Es ist natürlich etwas für den kleinen Kreis: Aufzug, Beichtstuhl, Sauna, Skatrunde. Wenn Sie sich dann noch angemessen ernähren, z.B. mit Broccoli, kommen Sie fast an die Wirkung von Senfgas heran. Und wenn Sie dann noch Ihren Körper unter Kontrolle haben, können Sie bei größeren Festen herumwandern und gucken, wieviel Räume Sie schaffen. Das nennt man kontrollierte Schadstoffemission!

Und nun, nachdem doch einige den Tisch verlassen haben, lassen Sie mich das Thema mit einer Scherzfrage abrunden: Wieviel schwerer als Luft darf ein Furz sein? Gar nicht. Wenn er auch nur ein Gramm wiegt, is' schon Scheiße!

Und eine allerletzte: Warum riecht ein Flatus eigentlich? Damit die Tauben auch was davon haben.

Witze für Mitesser

Sollten Sie sich keine längeren zusammenhängenden Texte merken können, wollen aber trotzdem auf den Genuß angeekelter Gesichter beim Essen nicht verzichten, sind Sie mit der nun folgenden Witzauswahl bestens bedient.

P.S. Was haben Sie in Zukunft zu Ihrer Zielgruppe? Ein gebrochenes Verhältnis.

Ein Kellner serviert die Suppe und hat dabei den Daumen tief in derselben. Der Gast beschwert sich lauthals und der Kellner sagt: »Entschuldigen Sie, aber ich habe ein Ekzem am Daumen, und der Arzt sagt, ich muß es feucht halten.« »Dann schieben Sie sich den Daumen doch in den Arsch!« »Tu ich ja, aber ab und zu muß ich auch servieren.«

Ein Frachter hat einen chinesischen Schiffskoch, der von der Mannschaft ohne Ende gehänselt wird, aber alles lächelnd erträgt. Nach zwei Wochen wird es den Matrosen zu blöd und der Obermaat sagt: »Paß mal auf, Hop Sing, du bist ein netter Kerl und kochst auch prima, die Jungs werden dich ab jetzt in Ruhe lassen.« »Fein, dann ich auch nicht mehr machen Pipi in Suppe.«

»Mama, wann gibt es denn mal wieder diese leckeren blauen Nudeln?« »Schatz, Oma hat doch keine Krampfadern mehr.«

Wilder Westen, im Saloon, der Spucknapf randvoll. Bill: »Zehn Dollar, wenn du davon trinkst!« Jack setzt an, trinkt, trinkt, trinkt, bis das Ding leer ist. »Du hättest doch nur einen Schluck zu nehmen brauchen.« »Aber es hing doch alles zusammen!«

Ein Gast bekommt den letzten freien Platz an einem Tisch, an dem schon jemand vor einer Gulaschsuppe sitzt, aber nicht ißt. Der neue Gast fragt, ob er mal probieren darf, der andere schiebt die Suppe rüber. Der Neue ißt sie fast auf, bis er auf dem Grunde des Tellers eine eklige, fette Spinne entdeckt. Er erbricht alles auf den Teller zurück. Sagt der andere Gast: »Soweit war ich auch schon.«

Sagt ein Pickel zum anderen: »Wo ist denn deine Frau?« »Abgekratzt.«

Warum wechseln Blondinen nur einmal im Monat die Windeln? Weil auf der Packung steht: bis zehn kg.

»Mami, darf ich die Schüssel auslecken?« »Nein, du ziehst ab, wie sich's gehört!«

Ein Paar ist voll am Knutschen, sagt sie: »Kann es sein, daß ich gerade deinen Kaugummi verschluckt habe?« »Nein, Schatz, ich hab bloß Schnupfen.«

»Mami, gibt es heute wieder Vanillepudding?«
»Nein, Schatz, du weißt doch, daß Opas Bein nicht mehr eitert.«

Die Kellnerin bringt Stangenbrot. Gast: »Das Brot ist ja ganz naß!«
»Was meinen Sie, was ich schwitze!«

Was macht ein Leprakranker im Urlaub?
Er liegt auf der faulen Haut.

Wie begrüßen sich zwei Leprakranke?
Tach, da, können Sie behalten.

Was macht ein Leprakranker in der Disco?
Tanzen, bis die Fetzen fliegen.

Arzt zum Patienten: »Das scheint ein bißchen komplizierter zu sein, da brauche ich in den nächsten Tagen von Ihnen eine Sperma-, eine Urin- und eine Stuhlprobe.«
»Herr Doktor, ich bin ein bissel in Zeitdruck, kann ich Ihnen nicht einfach meine Unterhose dalassen?«

Heimatdichtung II

In der zweiten Folge unserer Erfolgsreihe »Stadt, Land, Stuß« bieten wir Ihnen einen zusätzlichen Service, Sie können nämlich statt der genannten Städte auch jeden anderen einsilbigen Ortsnamen einsetzen.

Willst du in Bonn was Schönes sehen,
mußt du wohl ins Kino gehen.

Das Huhn, in Ulm nicht so geachtet,
wird erst gerupft und dann geschlachtet.

Die Maid träumt nachts nur von dem Mann,
der sie aus Marl befreien kann.

Der Architekt, der Mainz erbaut,
gehört gefangen und verhaut.

Gott schütze uns vor Lavamassen
und Bonnern, die ihr Dorf verlassen.

Die Illusion von Schöner Wohnen
schafft man in Prüm mit Weinbrandbohnen.

Will man mit Köln noch was erreichen:
neu besiedeln und frisch streichen!

Wer achtzig Bier im Sitzen schafft,
der gilt in Werl als Spitzenkraft.

Fast dankbar nimmt in Hamm ein Mann
von fremden Leuten Prügel an.

Yoko Ono gilt in Plön
als attraktiv, ja, wunderschön.

Liegend reihern, stehend kacken
sind nicht des Schwerters einz'ge Macken.

Auf ex zwei Flaschen Whisky pur
gelten in Suhl als Abitur.

Ein feuchter Furz im Swimmingpool
gilt in Graz als äußerst cool.

Gründe, um es zu verfluchen,
muß man in Suhl nicht lange suchen.

Für den, der sich in Bonn aufhält,
zahlt Bonn demnächst ein Schmerzensgeld.

Wer Soest mag, ist entweder breit
oder von hoher Dämlichkeit.

Will man von Moers begeistert sein,
helfen zwei, drei Kisten Wein.

Das Poesiealbum

Wie oft wird es uns hingestreckt, von plumpen Kinderhänden, die an zu fetten Ärmchen hängen, deren Besitzern man irgendwann wird sagen müssen, daß ihr Geburtstag kein Feiertag ist, ganz im Gegenteil; von weltfremden Gastronomen, die ernsthaft ein Lob für das erhoffen, was man zumeist und dann noch euphemistisch nur als organisiertes Erbrechen bezeichnen kann; von Hoteliers, die das überteuerte Logieren in ihrer verwanzten, nach altem Frittenfett und Klosteinen müffelnden Kaschemme auch noch besungen haben wollen; von verpickelten Pubertierenden, denen man 22 Jahre lang erzählt hat, daß das Abitur die Tür zu Wohlstand, Ansehen und regelmäßig wechselnden Sexualpartnern wäre, ein Buch zum Hineinschreiben.

Im folgenden eine Liste von bewährten Sprüchlein unterschiedlichster Provenienz und Eignung. Gewisse kognitive Fähigkeiten, wie die Unterscheidung einer Klokachelwand vom handgeschöpften Bütten eines Kardinalskantinengästebuchs setzen wir jetzt mal spielerisch voraus.

Lieber zweimal warm essen, als einmal kalt duschen.

Nie mehr essen, als man heben kann. *(Miss Piggy)*

Wer gut ißt und trinkt, kann schwere Arbeit wohl entbehren.

Was zum Munde eingehet, das verunreinigt den Menschen nicht. *(Mat. 15,11)*

Der Wein erfreut des Menschen Herz. *(Psalm 104,15)*

Wein und Weiber betören die Weisen. *(Sirach 19,2)*

Wer vor seinem Schöpfer sündigt, der soll dem Arzt in die Hände fallen! *(Sirach 38,15)*

Selig sind, die da geistlich arm sind. *(Mat. 5,3)*

Einige sind von Geburt an zur Ehe unfähig, andere sind von Menschen zur Ehe unfähig gemacht, und wieder andere haben sich selbst zur Ehe unfähig gemacht. *(Mat. 19,12)*

Weh dem, der allein ist, wenn er fällt! Dann ist kein anderer da, der ihm aufhilft. *(Prediger 4,10)*

Wenn ihr fastet, sollt ihr nicht sauer dreinsehen wie die Heuchler. *(Mat. 6,16)*

So ist der Weg der Ehebrecherin: sie verschlingt und wischt sich den Mund und spricht: Ich habe nichts Böses getan. *(Sprüche 30,20)*

Siehe, was ist dieser Mensch für ein Fresser und Weinsäufer! *(Mat. 11,19)*

Unser Leben währet siebzig Jahre, und wenn's hoch kommt, so sind's achtzig Jahre, und was daran köstlich scheint, ist doch nur vergebliche Mühe. *(Psalm 90,30)*

Sie aßen, sie tranken, sie heirateten. *(Mat. 24,38)*

Du sollst essen und doch nicht satt werden. *(Micha, 6.14)*

Züchtige deinen Sohn, solange Hoffnung da ist. *(Sprüche, 19,18)*

Bringt her, laßt uns saufen! *(Samos 4,1)*

Tu weg von mir das Geplärr deiner Lieder! *(Samos 5,23)*

Gebt starkes Getränk denen, die am Umkommen sind, und Wein den betrübten Seelen, daß sie trinken und ihres Elends vergessen. *(Sprüche 31,6)*

Daß der Mensch nichts Besseres hat unter der Sonne, als zu essen und zu trinken und fröhlich zu sein. *(Prediger 8,15)*

Wenn einem Mann im Schlaf der Same abgeht, der soll seinen ganzen Leib mit Wasser waschen. *(3.Mose 15,16)*

Du gabst uns einen Wein zu trinken, daß wir taumelten. *(Psalm 60,5)*

Wie unbegreiflich sind seine Gerichte und unerforschlich seine Wege. *(Römer 11,33)*

Wenn der Papst pupst, piept's.

Lieber ein Schwimmbecken als einen Tennisarm.

Freunde, helft mich zu befreien,
Galle, Gift und Kot zu speien,
ist mein Privilegium.
Possen, Schweinereien, Zoten,
alles das wird mir geboten,
saust mir um den Kopf herum. *(Goethe)*

Bewußte Raucher trinken Filterkaffee.

Seid reinlich bei Tage und säuisch bei Nacht,
so habt ihr's auf Erden am weit'sten gebracht.
(Goethe, Faust)

Kraft ohne Weisheit stürzt durch die eigene Wucht. *(Horaz)*

Das berühmte »Lieber einen Freund verlieren, als eine Pointe sausen lassen« stammt von Quintilian, und lautet im Original: Potium amicum, quam dictum perdendi.

Lieber in der Kaiserin, als Imperator. *(Oder vice versa, ganz nach Belieben!)*

Jeden Tag ein obszönes Wort erhöht Glück und Lebensdauer.
(Chinesisches Sprichwort)

Wenn man den Sex und die materiellen Schwierigkeiten hinter sich hat, beginnen die wahren Probleme. *(Henry Miller)*

Was aus Liebe getan wird, geschieht immer jenseits von Gut und Böse. *(Nietzsche)*
Und ich darf hinzufügen, auch jenseits von Zurechnungsfähigkeit und Vollklatsche.

Wer nicht mehr liebt und nicht mehr irrt, der lasse sich begraben.
(Goethe)

Wenn ich die Kraft hätte, würde ich gar nichts machen.

Keiner soll hungern, ohne zu frieren.

Mehr Nachttöpfe für Pottwale.

Es ist schön, wenn man die Frau fürs Leben gefunden hat. Noch schöner ist, wenn man ein paar mehr kennt. *(Woody Allen)*

An Scheidungsgründen fehlt es nie, wenn nur der gute Wille da ist.
(Nestroy)

Ein Egoist ist ein Mensch, der nicht an mich denkt.

Einen fröhlichen Geber hat Gott lieb. *(2. Kor. Brief, 9,7)*

Lieber Sonne im Herzen als Eis am Stiel.

Mach's wie die Birne, trag's mit Fassung!

Manche Leute kaufen sich von dem Geld, das sie nicht haben, Dinge, die sie nicht brauchen, um Leuten zu imponieren, die sie nicht mögen.

Nur allein von Marmelade steht der Pimmel auch nicht gerade.

Realität ist eine durch Alkoholmangel verursachte Illusion.

Was du nicht willst, das ich dir tu, das füg ich einer anderen zu.

Wenn jeder an sich denkt, ist an alle gedacht.

Paulus schrieb an die Korinther, Haar am Arsch gibt warm im Winter.

Ein deutscher Mann mißtraut allem Fremden, es sei denn, es läßt sich trinken.

Hart ist hart und weich ist weich, aber immer weich ist auch hart.

Herr, gib mir Geduld, aber dalli!

Oraler Sex ist Geschmackssache.

Wer nicht mit mir ist, ist widerlich.

Friß, vögel oder stirb!

Lieber breitbeinig als engstirnig.

Jeder Mensch hat ein Recht auf meine Meinung.

Durch den Tod bringt die Natur zum Ausdruck, daß wir kürzer treten sollen.

Pubertät ist, wenn die Eltern anfangen, schwierig zu werden.

Das einzige, was mich hier noch hält, ist die Erdanziehung.

Wenn ich du wäre, wäre ich lieber ich.

Man lernt nie. Aus.

Es gibt Leute, die passen zu sich selbst.

An Mitgift ist noch keiner gestorben.

Wer gut über die Runden kommt, hat auch bei den Schlanken keine Probleme.

Es ist leichter, die Verdauung eines anderen zu befördern als umgekehrt.

Kreatur pur

Wie oft haben wir schon vor einem Tierfreund und somit vor dem Problem gestanden, wie sage ich dem Kretin, daß die feuchte Schnauze seines Afghanen, einer Tierart, die man nun wirklich in der Pfeife rauchen kann, mich sogar empfindlich im Schritt stört, oder wir des Beos morgenfrische Kacke auf unserer Armanijacke schon als einen gewissen Wermutstropfen empfinden, irgendwo.

Üblicherweise greift man zum verbalen Knüppel und ruft: »Gehen Sie doch nach China mit Ihrem Vieh, da gibt dat Hundekuchen!«

Wieviel leichtfüßiger und seidiger läßt sich spezielles und allgemeines Unbehagen an der Fauna gereimt artikulieren.

Hoch fliegt der Specht, und ohne Schnabel
schimpft er laut auf das Starkstromkabel.

Spürt der Pudel Liebespein,
vergeht er sich an Herrchens Bein.
Der ist noch stundenlang geknickt:
vom eignen Hund ins Knie gefickt!

Fällt die Kuh im Stall tot um,
gibts statt Milch im Tee halt Rum.

Ein Motorpflug im Hühnerhaus
löst starke Emotionen aus.

Tiefgefroren dient der Aal
dem Fischfreund oft als Lineal.
Ein Lineal aus Räucheraal
dagegen ist nur zweite Wahl.

Im Flug noch stellt der Hamster fest:
Ne Mine taugt nicht viel als Nest.

Ein sexbesessner Grönlandwal
ist für U-Boote fatal.

Deucht dich dein Igel noch so nett,
halt ihn fern vom Wasserbett.

Sehr flach ist meist die Flunder,
mit Preßluft wird sie runder.

Stopft man seinen Ara aus,
kehrt endlich Ruhe ein ins Haus.

Für blinde Hühner ist der Traktor
nicht selten ein Gefahrenfaktor.

Sind Schäfchens Locken schwarz und braun,
lehnt es am Elektrozaun.
Und wenn es dann die Äuglein rollt,
will es sagen: »Zuviel Volt!«

Fehlen Schäflein beide Ohren,
wurde es zu schnell geschoren.

Badewannenstöpsel weg?
Hamster rein, der paßt perfekt!

Die Ente quakt nochmal so laut,
wenn man sie auf den Bürzel haut.

Pudel sind zu gar nichts nütze,
mal gerade so als Pudelmütze.

Der Pudel, der nach Herrchen schnappt,
gehört im nächsten Teich verklappt.

Der Pudel ist ganz still und stumm,
hält man ihn im Aquarium.

Hat der Hamster nur ein Bein,
kann er als Pinsel nützlich sein.

Pudel, die zu heftig bellen,
kann man mit Obstler ruhiger stellen.
Kläffen sie dann immer noch,
hilft nur ein tiefes, tiefes Loch.

Reißt dein Pudel eine Kuh,
gibt's drei Wochen lang Ragout.
Reißt er einen Ozelot,
gibt's drei Wochen Zooverbot.

Begoß'ne Pudel frieren,
man muß sie rasch flambieren.

Ganz gleich wie feucht des Pudels Locken,
die Mikrowelle kriegt sie trocken.

Bei Fuß! Der Hund kommt angestürzt.
Beifuß und er ist gut gewürzt.

Der Schotte nimmt ein Pudelwrack
und baut daraus 'nen Dudelsack.
So gibt die treue Hundehaut
selbst noch im Jenseits weiter Laut.

Frischgefüllt mit Helium
kreist Pudel um den Leuchter rum.

Frischgefüllt mit Stahlbeton
fällt er vom und mit Balkon.

Ein halbes Hähnchen, frisch vom Rost
schätzt auch der Gourmet als Kost.
Ein halber Pudel ist für Kenner
kulinarisch nicht der Renner.

Worüber lacht der Fisch? Grätchenfrage

Scherzfragen sind eine wichtige Waffe, um in Gesellschaft Intellektuelle auf den Boden der Tatsachen zurückzubringen. Der Haß, der Ihnen anschließend von dieser Seite entgegenlodert, wird versüßt durch die Liebe und das Lachen der Menschen wie Du und wir. Die Sammlung, die wir für Sie zusammengetragen haben, enthält nur ausgesuchte und garantiert publikumswirksame Gemmen der letzten 100 Jahre.

Stellen Sie sich folgendes Szenario vor: Der ergraute, mehrfach fast für den Nobelpreis vorgeschlagene Physiker doziert über Antimaterie, Lehrerinnen hängen an seinen dünnen, welken Lippen. Dann kommen Sie mit folgendem Klassiker:

»Wissen Sie eigentlich, wozu der Bauchnabel gut ist? Wenn man im Bett frühstückt, kann man das Salz für das Ei reintun.«

Neuere Variante: Auf dem Weg nach unten kann man da den Kaugummi deponieren.

Was passiert, wenn man eine Nähnadel ins Wasser wirft?
Dann kriegt Sie Wasser ins Öhr.

Auf welcher Seite haben Hühner die meisten Federn?
Auf der Außenseite.

Warum sind Chinesen klein und gelb?
Wenn sie groß und gelb wären, wären es Postbusse.

Wußten Sie, daß Goethe bis zu seinem 5. Lebensjahr Analphabet war?

Wer hat Jacky Joyner das Laufen beigebracht?
Ihre Mutter.

Wußten Sie, daß Frauen mit 19 Jahren mehr Heiratschancen haben als mit 19 Kindern?

Um wieviel ist der Amazonas länger als der Nil?
Um fünf Buchstaben.

Was haben ein Dackel und ein kurzsichtiger Frauenarzt gemeinsam?
Die feuchte Nase.

Was bedeutet »Team«?
Toll, **ei**n **a**nderer **m**acht's.

Was macht eine Pornodarstellerin, die keine Lust mehr auf Sex hat?
Heiraten.

Wie nennt man eine Straße, wo rechts und links Männer stehen?
Sackgasse.

Wird der Penis im Alter länger oder kleiner?
Beides. Er bleibt länger kleiner.

Wie nennt man einen Ostfriesen mit vielen Freundinnen?
Schäfer.

Was ist der Unterschied zwischen Bumsen und Vögeln?
Bumsen können nicht fliegen.

Wie heißt der berühmteste Kellner Bayerns?
Der Ober Ammergau.

Was heißt auf Französisch: Vater von Zwillingen?
Pas de deux.

Warum betäubt man im OP nicht mehr mit Äther?
Damit die Ärzte rauchen können.

Und warum tragen sie einen Mundschutz?
Damit sie das Messer nicht ablecken.

Was ist das Gegenteil von Festhalle?
Losbude.

Woran erkennt man ein schottisches Schiff?
Keine Möven.

Was ist das am wenigsten geeignete Geschenk für Beamte?
Ein Bewegungsmelder.

Was kann schwimmen und beginnt mit Z?
Zwei Enten.

Warum trinkt der Mensch?
Damit es beim Kacken nicht staubt.

Wie nennt man einen zur Frau umgebauten Mann?
Pin up girl.

Warum nennt eine Bayerin den Schniedel oft »Pavarotti«?
Weil sie sich sagt: »Den Luciano.«

Warum lecken Tiere ihre Geschlechtsteile?
Weil sie es können.

Was geschieht, wenn man eins der zehn Gebote bricht?
Dann sind es nur noch neun.

Wer hat für Deutschland Fußball gespielt und für Belgien Radrennen gefahren?
Uwe Seeler und Eddy Mercks.

Welches ist die beste Methode, sich den Geburtstag seiner Frau zu merken?
Ihn einmal vergessen.

Wie kann man »Postbote« ohne »o« schreiben?
Briefträger.

Was ist schlimmer als ein angebissener Apfel mit einem Wurm?
Ein angebissener Apfel mit einem halben Wurm.

Wie nennt man einen verheirateten Vollmatrosen mit sieben Kindern?
Vater.

Wie redet ein Bauchredner?
Wie ihm der Nabel gewachsen ist.

Wo setzt sich ein zwei Meter großer Gorilla hin?
Wo er will.

Was macht der Storch, wenn er auf einem Bein steht?
Er überlegt sich den nächsten Schritt.

Warum summen die Bienen?
Sie haben den Text vergessen.

Was liegt unterm Birnbaum und stöhnt?
Frau Birnbaum.

Was ist ein heiliger Büstenhalter?
Wenn man hinten aufmacht, fallen vorne zwei auf die Knie.

Welche ist die frömmste Stellung?
Von hinten, immer das Kreuz vor Augen.

Wie vermehren sich Nonnen und Mönche?
Durch Zellteilung.

Wie nennt man einen Liliputaner mit sieben Kindern?
Fruchtzwerg.

Warum reisen siamesische Zwillinge nach England?
Damit der andere auch mal fahren kann.

Wie nennt man die Schambehaarung kleinwüchsiger Frauen?
Zwerchfell.

Was ist der Unterschied zwischen Ignoranz und Apathie?
Ich weiß es nicht und es ist mir auch egal.

Was bedeutet FIAT?
Für **I**taliener **a**usreichende **T**echnik.

Was bedeutet AEG?
Auspacken, **E**inpacken, **G**utschrift

Was bedeutet BMW?
Bring **mi**ch **W**erkstatt!

Was hat der Schneider mit seiner untreuen Frau gemacht?
Verflucht und zugenäht.

Was ist der Unterschied zwischen einem Bäcker und einem Teppich?
Der Bäcker muß um vier Uhr aufstehen, der Teppich kann liegenbleiben.

Was sagt ein Schwein zu einer Steckdose?
Komm raus, du Feigling!

Was hat der Soldat auf sein Kommißbrot?
Einen Anspruch.

Modernes Wort für Keuschheitsgürtel?
Zentralverriegelung.

Was ist, wenn Anna badet?
Ananas.

Woran erkennt man einen freundlichen Motorradfahrer?
An den Fliegen im Gebiß.

Was ist der Unterschied zwischen einer irischen Hochzeit und einer irischen Beerdigung?
Ein besoffener Ire weniger.

Was benutzen Elefanten als Tampon?
Schafe.
Warum haben Elefanten Rüssel?
Weil Schafe kein Kördelchen haben.

Welcher Sack hat Zähne?
Der Freßsack.

Woran erkennt man einen ostfriesischen Piraten?
An den zwei Augenklappen.

Warum tragen Ostfriesen drei Kondome übereinander?
Damit sie das mittlere nochmal benutzen können.

Und warum tun Ostfriesen Eiswürfel in die Kondome?
Damit die Schwellung zurückgeht.

Warum sendet Radio Vatikan keine Tennisübertragungen mehr?
Wegen der Ergebnisse: sechs zu drei, sechs zu vier . . .

Woran erkennt man, ob oral, rektal oder axillar Fieber gemessen wurde?
Am Geschmack.

Was ist fies?
Eine Bloody Mary mit einem Schamhaar.

Warum gibt es viel weniger Zug- als Autounglücke?
Weil der Heizer dem Lokführer seltener einen bläst.

Wie nennt man eine häßliche Stewardess?
Notrutsche.

Wie nennt man eine frigide, flachbrüstige Dame?
Kalte Platte.

Was sagt der golfspielende Zahnarzt beim Einlochen?
»Schön weit aufmachen!«

Wie nennt man in Afrika ein nichterigiertes Glied?
Springseil.

Was sagt eine Frau mit Sperma auf der Brille?
Ältere Version: »Ich hab's kommen sehen.«
Neuere Version: »Wenn die Gläser so aussehen, klappt's auch mit dem Nachbarn.«

Welches ist der höchste Feiertag der Beamten?
Siebenschläfer.

Was ist ein Liftboy?
Ein sehr junger Schönheitschirurg.

Warum essen Elefanten kein Knäckebrot?
Weil ihre Figur sowieso schon im Eimer ist.

Wie nennt man einen Lüneburger, der aus der Kirche ausgetreten ist?
Lüneburger Heide.

Der erste Mai wird bei uns als Tag der Arbeit gefeiert. Gibt es den ersten Mai auch in England?
Ja.

Du bist mein Sohn, aber ich bin nicht dein Vater. Wer bin ich?
Deine Mutter.

Kriegt ein Nachtwächter, der am Tag stirbt, trotzdem Rente?
Er ist tot.

Wieviele Tiere hatte Moses auf seiner Arche?
Es war Noah.

Wie begrüßt ein Retortenbaby seinen Vater?
Tach, du Wichser!

Wie nennt man einen Cowboy, der sein Pferd verloren hat?
Sattelschlepper.

Was hat 80 Zähne und bewacht einen gräßlichen Lindwurm?
Mein Reißverschluß.

Was sagt der Taifun zur Palme?
Halt die Nüsse fest, jetzt wird geblasen.

Was ist, wenn ein Auto im Schnee steckenbleibt?
Winter.

Was fängt mit P an und wird steif?
Pudding.

Was passiert, wenn man eine Kuh mit einer Giraffe kreuzt?
Dann braucht der Melker einen Barhocker.

Wie bekämpfen Schotten die Seekrankheit?
Sie nehmen einen Penny in den Mund.

Was haben Bayern und eine Blondine gemeinsam?
Je tiefer man reinkommt, desto lauter wird gejodelt.

Wie nennt man Rekruten in der Grundausbildung?
Bundstifte.

Und Auszubildende beim Zoll?
Filzstifte.

Was ist der Unterschied zwischen einer italienischen Schwiegermutter und einem Nilpferd?
Etwa 5 Kilo.

Warum hat der Schwan einen so langen Hals?
Damit er bei Hochwasser nicht ertrinkt.

Was ist der Nachteil von oralem Sex?
Keine schöne Aussicht.

Warum laufen Dudelsackspieler beim Musizieren?
Bewegliche Ziele sind schwerer zu treffen.

Wie kann man Geld verschwinden lassen?
Indem man heiratet.

Was ist der Gipfel der Reinlichkeit?
Wenn der Hausherr die Putzfrau bürstet.

Was ist der Unterschied zwischen Bumsen und Blasen?
Schon mal Bumsen an den Füßen gehabt?

Woran erkennt man ein italienisches Flugzeug?
An den Haaren unter den Flügeln.

Was ist Vergeßlichkeit?
Wenn man den Geburtstag des Zwillingsbruders vergißt.

Welche drei Worte machen den weißen Hai glücklich?
Mann über Bord.

Welcher Haarfarbe sagt man ewige Treue nach?
Weiß.

Wie nennt man einen Bumerang, der nicht zurückkommt?
Stock.

Wie nennt man den Weg von zu Hause bis zur Stammkneipe?
Durststrecke.

Wie heißen die vier Worte, die beim Sex nerven?
Bin wieder zurück, Schatz.

Arbeit und Dichtung II (Plattes vom Land)

Haben wir in Teil I dieser Rubrik noch den Papst satirisch gegeißelt, einen ausgesprochenen Städter, woran auch der Name Papst Urban gemahnt, knöpfen wir uns nun das Landei vor.

Wer nun aber denkt, wir kramen jetzt in alten Bauernregeln herum, unterschätzt unser kreatives Potential um einige Hektar. Das Land besteht nicht nur aus Bauern, es kennt auch die Bäuerin, den Pflug, aber auch den Knecht sowie den hochspezialisierten Melker, unter dessen samtenen Händen das weiße Gold zu lila Pause gerinnt.

Sie alle sind nur beispielhafte Gestalten, die Ihrer ungestümen Phantasie Nahrung geben sollen. Wer soll Sie ernsthaft dran hindern, in wuchtigen Zweizeilern den Erntehelfer zu besingen, den Dreschflegel, den Forstadjunkt, den Waldmeister, aber auch den Dreschflegel oder die Melkliesel.

Fällt der Knecht im März vom Dach,
fällt für ihn der Maitanz flach.

Wenn der Knecht das Schaf besteigt,
war die Magd wohl nicht geneigt.

Schläft der Knecht mit einer Ente,
spart er reichlich Alimente.

Erwacht der Knecht im Hühnerhaus,
gehen wir von einem Blackout aus.

Tritt der Knecht in einen Fladen,
zieren Tupfer seine Waden.

Tritt der Knecht in einen Rechen,
muß das die Versicherung blechen.
Tritt er aber nur ins Haus,
hält sich die Versicherung raus.

Wenn der Knecht ins Schäfchen fährt,
ist das nach einem Jahr verjährt.

Hat der Melker klamme Pfoten,
gibt's im Euter schon mal Knoten.

Hat der Melker feuchte Hände,
ist der Vorgang schnell zu Ende.

Der Melker schwebt auf rosa Wolken,
wird er selber mal gemolken.

Ein Melker, dem acht Finger fehlen,
taugt auch nicht zum Kartoffelschälen.

Liegt der Melker auf dem Rücken,
muß die Kuh sich eben bücken.

Läuft der Melker volle Pulle,
war die Kuh wohl doch ein Bulle.

Melkt der Melker mal den Stier,
ist das ungewohnt fürs Tier.

Liest der Melker Schopenhauer,
wird er davon auch nicht schlauer.
Auch die Welt von Heinrich Heine
ist nicht wirklich Melkers seine.

Bringt der Melker weiße Nelken,
will der Melker mehr als melken.

Riecht der Melker mal nach Sekt,
wird er von der Kuh geleckt.
Riecht er jedoch nach Rinderbrühe,
ist das psychisch schlecht für Kühe.

Sitzt die Magd mal auf der Kuh,
langt der Melker zweimal zu.

Schafft der Melker sieben Eimer,
war die Kuh wohl Mutter Beimer.
Ist kein Tropfen in dem Ding,
war die Kuh wohl Else Kling.

Sexismus muß!

Haben Sie nicht schon manches mal in fröhlicher, wohl auch leicht alkoholisierter Männerrunde gesessen, wobei einer den anderen zu überbieten suchte im Erzählen von dummen, primitiven, perfiden, frauenfeindlichen Witzen? Haben Sie dann oft bei sich gedacht: »Mein Gott, warum kann ich das nicht?«

Haben Sie nicht schon manches mal im Kreise der Freundinnen ihrer Frau gekauert, Lehrerinnen, zumindest aber Sozialpädagoginnen, bei etwas zu krossem Ingwergebäck und Mumm, und sich das Maul zerrissen über Männer, die in fröhlicher, wohl auch leicht alkoholisierter Runde dumme, primitive, frauenfeindliche Witze erzählen und ist Ihnen dann wieder keiner eingefallen, als Jokus delicti sozusagen?

Ihnen muß und kann geholfen werden. Jetzt und hier.

Ein Vibrator und eine Banane liegen auf dem Nachttisch.
A) Sagt die Banane: »Warum zitterst du denn so, ist wohl das erste Mal, wie?«
B) Sagt die Banane: »Was zitterst du denn, wer wird denn hier gefressen, du oder ich?«

Ein Mann erwacht mit dicker Birne neben einer außergewöhnlich häßlichen Frau, erinnert sich an nichts und realisiert plötzlich, daß ihm ein Faden aus dem Mund hängt.
Er betet: »Lieber Gott, laß es einen Teebeutel sein.«

Warum haben Frauen kleinere Füße als Männer?
Damit sie näher am Herd stehen können.

Eine Frau wird auf dem Zebrastreifen von einem Lkw überfahren. Wer hat Schuld?
Die Frau. Sie hätte in der Küche bleiben sollen.

Alle Menschen sind gleich intelligent. Ausnahmen kriegen die Regel.

Was haben eine Frau und eine Kettensäge gemeinsam?
Wenn man abrutscht, ist man am Arsch.

Warum haut man Babies nach der Geburt auf den Po?
Damit den Doofen der Schniedel abfällt.

Was ist grün und steht am Herd? Meine Frau. Wieso grün? Ich kann meine Frau doch anmalen, wie ich will.

Warum fahren Frauen so selten Ski?
Weil es in der Küche so selten schneit.

Wozu haben Frauen Beine?
Damit sie vom Bett in die Küche kommen.

Was ist einfacher zu bauen, ein Schneemann oder eine Schneefrau?
Ein Schneemann, bei der Schneefrau muß man erst den Kopf aushöhlen.

Warum haben Frauen kleinere Hände?
Damit sie beim Putzen besser in die Ecken kommen.

Wieviele Männer braucht man, um ein Klo zu schrubben?
Keinen, das ist Frauenarbeit.

Warum haben Frauen vier Lippen?
Zwei zum Scheißeerzählen und zwei zum Wiedergutmachen.

Was ist der Unterschied zwischen einer Frau und einem Orkan? Keiner. Erst wird geblasen und dann ist das Haus weg.

Wie heißt die rechte Hand einer Frau?
Schwanzflosse.

Ein Malermeister kriegt vom Arbeitsamt einen arbeitslosen Gynäkologen zugewiesen. Nach einigen Wochen will er noch einen. Begründung: Bei Abwesenheit tapeziert der durch den Briefschlitz.

Beim Kostümball knutscht ein Cowboy wüst mit sämtlichen Frauen rum. Fragt ein Arbeitskollege: »Ist Ihre Frau nicht eifersüchtig?«
»Nein, die habe ich als Pferd verkleidet und draußen angebunden.«

»Angeklagter, was haben Sie sich dabei gedacht, als Sie der Klägerin unter den Rock faßten?«
»Ich dachte, mir frißt ein Pferd aus der Hand.«

Was ist der Unterschied zwischen einem Pferd und einer Frau?
Wenn man einem Pferd in die Augen sehen will, muß man absteigen.

»Schnarcht deine Frau?« »Ja.« »Stört dich das nicht?« »Nur beim Vögeln.«

Warum kriegen Frauen ab 40 seltener die Tage?
Sie brauchen das Blut für die Krampfadern.

Adam läuft durchs Paradies, langweilt sich tierisch und bittet schließlich den Herrn um Gesellschaft. »Kein Problem, da hab ich was: schön, intelligent, liebevoll, kocht gut, pflegt dich, wenn es dir mies geht und geht im Bett ab wie'n Zäpfchen.« »Klingt gut, was würde mich das kosten?« »Naja, einen Arm und ein Bein.« »Uh, das ist aber heftig, was könnte ich denn für eine Rippe kriegen?«

Was sagt eine Frau nach dem dritten Tittenfick?
»Jetzt hab ich aber die Nase voll!«

Wieviele Machos braucht man, um eine Glühbirne zu wechseln?
Keinen, soll die Schlampe doch im Dunkeln putzen.

Sexismus muß! Teil II (Nur kein Penisneid, Mädels!)

Haben Sie, unsere lieben Frauen, etwa daran gezweifelt, daß wir, Ihre designierten Lieblingsautoren, oder, im Falle des Sujets, Lieblingsherausgeber, Sie für auch nur eine Nanosekunde aus dem ritterlichen Visier verlören?

Nein, haben Sie natürlich nicht, und hier ist der Stoff, aus dem sich das nächste Damenkränzchen trefflich winden läßt. Wohlan, nur Mumm!

Warum sollen Männer keine Pillen nehmen?
Weil es für Arschlöcher Zäpfchen gibt.

Ein Mann entdeckt auf dem Dachboden eine Lampe. Er reibt sie und es erscheint ein Geist. Der sagt: »Du hast einen Wunsch frei.« »Nun, dann wünsche ich mir einen Beruf, in dem es noch kein Mann zu etwas gebracht hat.« Und der Mann verwandelte sich in eine Hausfrau.

Warum haben Männer ein Gen mehr als ein Schwein?
Damit sich das Schwänzchen nicht kringelt.

Warum haben Männer eine Gehirnzelle mehr als ein Hahn?
Damit sie nicht in den Hof kacken.

Was ist der Unterschied zwischen einem Mann und einem Vibrator?
Ein Vibrator kann den Müll nicht runterbringen.

Warum können Männer keinen Rinderwahnsinn kriegen?
Weil Männer Schweine sind.

Und woran erkennt man, daß sie doch Rinderwahnsinn haben?
Wenn sie mit dem Schwanz nach Fliegen schlagen.

Als Gott das Patriarchat schuf, war sie sternhagelvoll.

Eine Gruppe Neuankömmlinge im Himmel steht vor Petrus. Der sagt: »Also, erstmal die Männer. Wer im Leben unter dem Pantoffel seiner Frau stand, stellt sich nach links, wer selbst entscheiden konnte, nach rechts.« Alle Männer wie ein Mann nach links, nur ein verhutzelter Beamtentyp stellt sich auf die rechte Seite.
»Wieso gehst du als einziger nach rechts?«
»Meine Frau hat gesagt, ich soll mich dahin stellen!«

Was haben Sie mit Ihrem Mann gemeinsam?
Wir haben beide am selben Tag geheiratet.

Was macht eine Frau morgens mit ihrem Arsch?
Sie schmiert ihm ein paar Brote und schickt ihn zur Arbeit.

Sagt der Arzt zur Frau: »Ich habe eine gute Nachricht, in 14 Tagen kann ihr Mann wieder nach Hause!«
»Machen Sie keinen Quatsch, Herr Doktor, ich habe alle seine Anzüge verkauft!«

Weißt du, Bernhard, nach dem, was mir der Arzt da gerade erzählt hat, habe ich gar keine Lust mehr, deinen Pullover fertigzustricken.

Wie wecken Sie morgens ihren Mann?
Ich setze ihm die Katze auf die Bettdecke.
Und davon wird er wach?
Ja, er schläft mit dem Hund.

Was ist wichtiger: ein langer Schwanz oder eine gute Technik?
Eine gute Technik.
Aha, wieder einer mit 'nem Kurzen.

Ist da die Feuerwehr? Schicken Sie mir sofort einen Sprengmeister, in meinem Bett liegt ein Blindgänger!

Ein Typ kommt in ein Steaklokal und sagt zur Serviererin: »Baby, ich kriege ein Steak, so dick wie mein Prügel.«
Sie faßt sich unter den Minirock, zeigt ihm die Hand und fragt: »Und so blutig?«

Schatz, du bist wie ein Pusztahengst, den kriegt auch keiner zum Stehen.

Komm jetzt, Hose runter oder Kaugummi raus!

Kommt eine Frau zum Magier und sagt: »Können Sie mir helfen? Ich bin allen zu schlau und habe deshalb kaum Freunde. Könnten Sie meinen IQ reduzieren?«
»Wie hoch ist der denn?«
»So 180 etwa.« »Was möchten Sie denn, 130?« »Nein, lieber weniger.« »100?« »Nein, lieber unterm Durchschnitt.« »Gut, dann machen wir 70, aber ich muß Sie auf die Nebenwirkungen aufmerksam machen.« »Ach, was denn?« »Die Stimme wird tiefer, und Sie werden sich täglich rasieren müssen!«

Wer zu spät kommt, den bestraft das Leben; wer zu früh kommt, den bestrafen die Frauen.

Was ist das wichtigste Körperteil des Mannes?
Die Füße. Wenn er die nicht hätte, müßte er Sackhüpfen.

Nach dem ersten Mal: »Jetzt willst du wahrscheinlich wissen, was ich von Beruf bin.« »Narkosearzt?« »Wieso?« »Weil ich gar nichts gespürt habe.«

»Komisch, daß die größten Idioten die tollsten Frauen haben!« »Du Schmeichler.«

Eine Frau hat ihren Mann zum Angeln begleitet und prompt alles falsch gemacht: zu laut gesprochen, den falschen Köder genommen, zu früh eingeholt, mehr gefangen . . .

Wie heißt das überflüssige Fettgewebe am Penis?
Mann.

Er: »Ne schöne Kette hast du an, die kenne ich ja gar nicht.«
»Die habe ich heute auf dem Rücksitz von deinem Wagen gefunden.«

Oh Herr, du hast so viele Männer aus Lehm gemacht, warum meinen aus Scheiße?

Bei der goldenen Hochzeit tönt der Gatte rum: »Ich habe in meinem Leben hunderten von Ehemännern Hörner aufgesetzt!«
Sagt seine Frau: »Ich nur einem.«

Heimatdichtung III
(Spätere Heimat nicht ausgeschlossen)

Alle diejenigen, die sich bei Teil II unseres kleinen Städteführers gefragt haben: »Ja, was soll ich arme Socke denn machen, wenn ich jemanden seine Stadt fiespieseln will und die tut mehr als eine Silbe haben«, all die können aufatmen: Hier kommt der Schatz im Silbersee, Städte mit zwei und mehr Silben.

Wer Rio liebt und Bremen sieht,
erkennt sofort den Unterschied.

Der Brite nimmt den Tee um vier,
in Hagen greift man da zum Bier.

Vereinzelt mal ein Baum, ein Dach,
ansonsten ist's in Lübeck flach.

Schick mich, Herr, wohin du willst,
nach Bottrop, Uelzen, Meppen,
doch schick mich, Herr, ich bitte dich,
nur nicht nach Olpe, zu den Deppen.

Nicht einer von den Dümmsten ist,
wer Münster sieht und sich verpißt.

Dem Angeklagten wird ganz bang,
sein Urteil: Zwickau lebenslang.

Wer sich ein bißchen heiter gibt,
der hat in Werra gleich versiebt.

Wenn die Lust auf Rügen zwickt,
wird auch schon mal der Deich gefegt.

Greise, die ins Breisgau reisen,
preisen leise meist die Speisen.

Sonne, Stimmung, roter Wein,
das kann doch niemals Frankfurt sein.

Wie bös' man auch von Bottrop spricht,
die volle Wahrheit trifft man nicht.

Ganz zu unrecht nimmst du an,
daß man in Krefeld wohnen kann.

Wenn dich ein Manta mehrmals rammt,
kann's sein, daß er aus Bergheim stammt.

Jemand mit vielen geistigen Gaben
wird in Soest kaum Freunde haben.

Im großen Zoo, den München hat,
sind nicht die Dümmsten dieser Stadt.

Es gilt, wer 15 Wörter kennt,
in Emden als Allround-Talent.

Wer sieben Stunden Olpe schafft,
schafft auch zwei Jahre Einzelhaft.

Wolkenkratzer ganz aus Lehm
sind in Aachen kein Problem.

Kurzhaardackel frisch vom Rost –
in Unna alte Hausmannskost.

Nach gut fünf Litern Alkohol,
fühlt man sich selbst in Chemnitz wohl.

Der Tag in Bergheim geht zur Neige,
es klappen hoch die Bürgersteige.
Das geht ganz leise und sehr fix,
ansonsten klappt in Bergheim nix.

Wem Hamster, Mäuse, Ratten schmecken,
den kann Hannover nicht erschrecken.

Saarbrücken, ach du kleines Loch,
nie hat ein Dichter dich besungen.
Versuchte es dann einer doch,
versagten ihm die Lungen.

München hat sein Hofbräuhaus,
den Bembel hamm die Hessen,
Bad Hersfeld hat, Moment, gleich kommt's,
nee, sorry, hab's vergessen.

Wer auch mal an sich selber denkt,
will Wuppertal nicht mal geschenkt.

Kerosin, bis alles reihert,
so wird in Gütersloh gefeiert.

Lüneburg hat eine Heide.
Das beste ist, man meidet beide.

Regensburg und Städteplanung:
sehr viel Mut und keine Ahnung.

Und als Universalschlüssel zu den Herzen aller Einwohner:

Oh, Bürger dieser schönen Stadt
du wirst mich sehr beneiden.
Ich kann hier weg, hab ich sie satt,
du, arme Sau, mußt bleiben.

Versautes im Gewande

Haben wir nicht schon etliche Male in einem erlesenen Kreise von Dummschwätzern gesessen, die in bester Pharisäertradition (Herr, ich danke Dir, daß ich nicht bin wie jene) keine Gelegenheit auslassen, sich vom Stammtisch zu distanzieren, jener Männerkrabbel – und Sabbelgruppe, die doch in psychohygienischer Hinsicht mindestens so wertvoll ist wie ein kleines Schwein!

Diesen Miesepetern sollten wir speziell die nun folgende Witzgruppe unterjubeln, denn das bloße Verständnis des Scherzes birgt schon das Eingeständnis des Ferkelchens in sich in sich. (Vorsicht, kein Druckfehler) Glauben Sie uns, nichts macht diese Menschen wütender!

Die andere dankbare Zielgruppe sind ältere Damen, deren Erziehung ihnen selbstverständlich das schallende Gekicher über eine auf der Hand liegende Unflätigkeit verbietet, die aber die Camouflage um so dankbarer goutieren werden.

Bleibt eine dritte, zahlenmäßig gar nicht so kleine Opferschar: die armen Erdenwürmer, die die Dinger wirklich nicht verstehen! Wenn man einen oder gar zwei solcher Menschen in einer fröhlichen Runde hat, ist das so wertvoll wie zwei kleine Schweine!

Zwei Tafeln Schokolade fallen vom Tisch. Sagt die eine: »Oh jeh, ich hab mir alle Rippen gebrochen.« »Und ich bin voll auf die Nüsse gefallen!«

»Brüllt Ihre Frau auch immer so, wenn sie kommt?«
»Nein, meine hat einen eigenen Hausschlüssel.«

»Ich glaube, meine Frau klaut Holz.« »Wie das?« »Immer, wenn ich abends eine Latte habe, ist sie morgens weg.«

28 Prozent aller Männer bevorzugen Frauen mit dicken Beinen, 14 Prozent mögen Frauen mit dünnen Beinen, und 58 Prozent bevorzugen irgendwas dazwischen.

»Herr Bademeister, muß ich wirklich ertrinken, wenn Sie Ihren Finger da rausnehmen?«

Kennen Sie die Geschichte von dem Mädchen, das den Unterschied zwischen Vaseline und Fensterkitt nicht kannte?
Der sind alle Scheiben rausgefallen.

Kriecht eine Raupe auf einem Baum herum und will gerade ein Blatt fressen. Ein Vogel sitzt hinter ihm und überlegt: »Soll ich die Raupe sofort fressen oder nachdem sie das Blatt gefressen hat, weil sie dann fetter ist?«

Einen Ast weiter lauert schon die Katze und denkt: »Soll ich mir den Piepmatz gleich einpfeifen oder warten, bis er die Raupe gefressen hat, wenn die endlich mit ihrem Blatt zu Potte gekommen ist?«

In dieselbe Richtung gehen die Gedanken des Hundes, der unter dem Baum lauert, und auch der Wolf, der auf der anderen Seite des Baumes sitzt, denkt: »Soll ich den Köter jetzt vernaschen oder warten, bis der die Katze inklusive Vogel, Wurm und Blatt verputzt hat? Und dann lauert am Rande des nahen Tümpels unter einem Busch noch der Bär und fragt sich dasselbe: Soll ich ... Und dann nimmt die Geschichte ihren Lauf, die Raupe frißt das Blatt, der Vogel die Raupe, die Katze den Vogel, der Hund die Katze, der Wolf den Hund, nur der Bär rutscht bei dem Versuch, aufzuspringen und sich auf den Wolf zu stürzen aus, und landet im Tümpel.

Moral: Bei einem langen Vorspiel wird der Bär naß.

Fuchs und Hase haben gesoffen, wollen nach Hause, aber der Hase kann nicht mehr laufen. Sagt der Fuchs: »Halt dich an meinem Schwanz fest, ich ziehe dich.« Klappt wunderbar.

Am nächsten Tag ist der Fuchs so breit, daß er nicht mehr gehen kann und der Hase sagt: »Halt dich an meinem Schwanz fest, ich ziehe dich nach Hause.« Das wird natürlich nichts mit dem kleinen Ding. Da holt der Hase sein Handy raus, telefoniert und fünf Minuten später steht ein Taxi vor der Kneipe und fährt die beiden Suffköppe nach Hause.

Moral: Wer einen zu kleinen Schwanz hat, braucht ein Handy.

Die Prostituierte sagt: »Für 300 DM erfülle ich dir deine wildesten Phantasien, du muß sie allerdings in drei Worten ausdrücken können.« »Streich meine Wohnung!«

Die Fernsehlüge

Leider Gottes sind wir oft gezwungen, mit unserer wahren Meinung über einen Mitbürger hinter dem Berg zu halten, sei es, weil die Konventionen es verlangen, sei es aus Furcht vor den Folgen. So steht der Arbeitgeber, wenn ein Mitarbeiter die Firma verläßt, vor einem Problem, was die Abfassung des Zeugnisses angeht. Auf der einen Seite soll er die Wahrheit sagen, d.h. künftigen Chefs eine Vorstellung davon vermitteln, was sie erwartet, andererseits soll, sagt der Gesetzgeber, das Zeugnis von Wohlwollen dem Scheidenden gegenüber getragen sein und sein weiteres Fortkommen nicht erschweren. Man darf also nicht schreiben: Herr Sowieso war ständig besoffen und ist allen Mitarbeiterinnen an die Wäsche gegangen, sondern man bedient sich eines allgemein anerkannten Codes und schreibt: Herr Sowieso war ein sehr geselliger Mitarbeiter. Die Formulierung: Er bemühte sich, die ihm übertragenen Aufgaben zu unserer Zufriedenheit zu erfüllen, bedeutet nichts anderes als: Er ist zu blöd, um aus dem Fenster zu gucken. Diese Metasprache, mit der das eigentlich Gemeinte kostümiert wird, gibt es auch in offiziellen Todesanzeigen oder beim Smalltalk. Oder was glauben Sie, was »Schön, dich mal wieder zu treffen« bedeutet? »Irgendwann reißt jede Glückssträhne, aber daß du Vollhirni mir ausgerechnet heute über den Weg laufen mußt, ist schon die Endhärte«.

Genau dasselbe gilt natürlich auch fürs Showbiz.

Schon viele tausend Male haben Sie Ihren Moderator sagen hören: »Einen wunderschönen guten Abend, meine sehr verehrten Damen und Herren, ich kann Ihnen nicht sagen, wie ich mich freue, heute abend in dieser wundervollen Stadt zu Gast sein zu dürfen.«

Mittlerweile ahnen Sie schon, was der Kretin uns durch die Blume steckt, nämlich: »Hi, ihr Pfeifen, ich könnte mir zwar was Besseres vorstellen, als einen Tag meines Lebens in diesem verschnarchten Kaff zu verplempern, aber erstens gibt es eine Mörderkohle und zweitens hat meine Freundin sowieso die Tage.«

»Wir haben großartige Künstler eingeladen.« (Weil der Redakteur der Sendung die Dame von der Plattenfirma bumst, hat sie ihm ein paar Scheintote, deren beste Zeit selbst die Ältesten nicht mehr erlebt haben, aufs Auge gedrückt.)

»Begrüßen Sie nun besonders herzlich meine zauberhafte Kollegin!« (Und jetzt kommt die dümmste Kuh unter der Sonne.)

»Ich frage Sie: sieht sie nicht hinreißend aus in diesem Kleid?« (Ich frage Sie: wenn eine Frau schon einen Pferdearsch hat, muß sie dann auch noch am Stoff sparen?)

Wenn Sie in Zukunft unter diesem Aspekt fernsehen, werden Sie eine Menge mehr Spaß haben!

Die Schmähung Dritten gegenüber

Wie oft haben wir schon den sengenden Wunsch verspürt, einem Menschen, den wir zutiefst verabscheuen – und das ist keine gar so böse menschliche Regung, wie uns die Bergpredigt glauben machen will, die in diesem Punkt einfach etwas weltfremd ist – zu sagen: »Sie sind all das, was ich unter dem Terminus ARSCHLOCH subsumieren würde!« Und? Haben wir uns getraut? Nein, denn wir sind ja nicht blöd, oder nicht 1,90 m groß, oder noch nicht lang genug in der Firma, um unentbehrlich zu sein. Wir wollen die Information aber einfach loswerden, also vertrauen wir sie einem Dritten an. Keine Bange, nichts wird so gern gehört wie Böses über Dritte.

Wir haben uns in der deutsch- und englischsprachigen Welt umgehört, wie man mit Niveau lästert.

Er hat zu Hause immer das letzte Wort. Es lautet: »Ja, Schatz.«

Das Tolle an ihrem Körper: Er ist lange nicht so häßlich wie das Gesicht.

Sie hat ausgesprochene Schlafzimmeraugen, unter jedem ein Kissen.

Als sie jung war, hat man ihr einen schlechten Rat gegeben: Sei du selbst.

Er ist unbestechlich, er nimmt nicht mal Vernunft an.

Man erkennt XY leicht. Immer wenn zwei Leute zusammenstehen und sich unterhalten, und der eine sieht zu Tode gelangweilt aus, ist er der andere.

Er ist ein Gastgeber, der es nicht nur schafft, daß die Leute sich wie zu Hause fühlen, sondern, daß sie sogar wünschen, sie wären dort.

Wenn er sich einmal so sehen könnte, wie die anderen ihn sehen, er würde kein Wort mehr mit denen reden.

Er ist mit seinem Latein am Ende und hat gar nicht lange gebraucht.

Sein Leben ist so langweilig, er könnte sein Tagebuch ein Jahr im voraus schreiben.

Wenn er eine heiße Nacht will, stellt er die Heizung hoch.

Wenn man ihm Geld leiht, sieht man ihn garantiert nie wieder, aber das ist es mir wert.

Die verbale Frontalaggression

Jetzt ist es so weit: Sie sind endlich 1,90 m, der schwarze Gürtel hängt frischgebügelt im Schrank, und die Anabolika haben ihre Wirkung nicht verfehlt. Kurz, Sie befinden sich in einer körperlichen Verfassung, die Freunde schafft und Konfliktstoff verdampfen läßt. Was sollte Sie jetzt daran hindern, Dinge, wie die folgenden zu sagen?

Sie sind so willkommen wie ein Anruf beim Bumsen.

Wenn alle täten, was du mich kannst, käme ich nicht mehr zum sitzen.

Ein Tag ohne dich ist wie ein Monat Urlaub.

Wenn du das nächste Mal deine Klamotten wegschmeißt, laß sie an!

Schieß dich in den Sack und stirb tanzend!

Wenn ich Sie beleidigt habe, sollte mich das aufrichtig freuen.

Warum gehen wir beide nicht irgendwohin, wo jeder von uns allein sein kann?

Ich weiß, Sie sind nicht so blöd wie Sie aussehen, das könnte niemand.

Reden Sie einfach weiter, irgendwann wird schon etwas Sinnvolles dabei sein.

Tolle Party hier bei Ihnen, man könnte eine Stecknadel fallen hören.

Ich hatte einen sehr schönen Abend. Es war nicht dieser, aber ich möchte nicht klagen.

Gehirnwäsche wäre bei dir ein schneller Job.

Ich habe gerade zwei Minuten Zeit, sag mir alles, was du weißt!

Deine Mutter kann wieder bei uns putzen kommen, wir haben das Geld gefunden.

Sag mal, verprügelst du deine Frau eigentlich immer noch?

Diese »immer noch«-Fragen sind das infamste, was es überhaupt auf dem Markt gibt, denn der Angegriffene kommt natürlich aus der Nummer nicht mehr raus. Ähnlich:

Ist deine Vorstrafe eigentlich jetzt getilgt oder verjährt oder wie das heißt?

Gibt es jetzt ein Mittel gegen deine Tobsuchtsanfälle?

Hat in deiner Familie schon mal jemand Selbstmord gemacht? Nein? Wäre das nicht mal eine Überlegung wert?

Sie verschönern jeden Raum beim Verlassen.

Jeder muß irgendwie sein, aber warum gerade wie Sie?

Immer wenn Sie etwas sagen, möchte man instinktiv eine Spülung betätigen.

Ihr Parfüm ist sicherer als die Pille.

Den Witz, den ich jetzt erzählen werde ist so gut, da fallen Ihnen glatt die Titten runter. Oh, ich sehe, Sie kennen ihn schon.

Haben Ihre Eltern Sie nie gebeten, von zu Hause wegzulaufen?

Ich denke, Sie sind ein harmloser Trottel, aber ich will offen sein, nicht jeder denkt so positiv über Sie.

Du brauchst keinen Schönheitschirurgen, sondern eine Abrißbirne.

Kennst du den Unterschied zwischen mir und einem Schneemann? Den Schneemann kannst du nur im Winter am Arsch lecken.

Jedesmal, wenn ich dich anschaue, frage ich mich: Was wollte die Natur?

Mit deiner Krawatte würde ich mir nach einem Unfall nicht mal das Bein abbinden.

Ich vergesse nie ein Gesicht, aber in Ihrem Fall werde ich eine Ausnahme machen.

Sie schaffen es, daß man die Stille zu schätzen weiß.

So viele Hosen gibt es nicht, in die du dir machst.

Es gibt so viele Möglichkeiten, einen guten Eindruck zu machen, du läßt sie alle ungenutzt.

Ich bin nicht schwerhörig, ich ignoriere Sie einfach.

Ist heute ein besonderer Tag, oder sind Sie immer so blöd?

Ich weiß nicht, was Sie so dumm macht, aber es funktioniert super.

Wenn du was sagen willst, halt die Klappe!

Bei Ihnen bräuchte man ein Hörgerät. Das könnte man abschalten.

Dein Schneider hat wirklich Humor.

Sie gehören auch zu den Menschen, die sich von keinem Kleidungsstück trennen können, nicht wahr?

Um sowas wie dich zu sehen, muß man normalerweise lange graben.

Dein Gesicht sieht aus, als hättest du darin geschlafen.

Du siehst noch genauso aus, wie vor zwanzig Jahren, als du diesen Unfall hattest.

Nicht bewegen, ich möchte Sie genauso vergessen, wie Sie jetzt sind!

Wann immer Sie einen Freund brauchen, schaffen Sie sich einen Hund an!

Wenn man aus schimmeligem Brot Penicillin machen kann, kann man auch aus dir irgendwas machen.

Du hast heute einen großen Fehler gemacht, du bist aufgestanden.

Du bist wirklich ein gutes Argument für getrennte Betten.

Darf ich mein erstes Magengeschwür nach dir benennen?

Warum machst du nicht mal Urlaub, für – sagen wir – zehn Jahre?

Wenn Moses dich gekannt hätte, gäbe es ein Gebot weniger: Du sollst nicht töten.

Wenn du eine Kneipe wärst, würdest du vom Gesundheitsamt geschlossen.

In zehn Minuten geht ein Bus. Da könntest du dich überfahren lassen.

Du würdest ganz toll in etwas langem, fließenden aussehen, Rhein, Ruhr . . .

Kokrakni

Sie werden sich vermutlich nicht sehr oft die Frage gestellt haben: »Was bedeutet KOKRAKNI?«

Kein Wunder, steht diese Abkürzung doch für KOPF UND KRAGEN KNIGGE, die ultimative Talkfibel, der conversation guide für Leute, die nicht nur reden wollen, sondern siegen! Und das, ohne vorher im Camel-Shop einen Kleinkredit auf den kahlrasierten Kopf hauen zu müssen. Wir haben auf der ganzen Welt nach schlagfertigen Antworten gesucht. Laßt uns die Beute teilen, boys and girls, auf daß Ihr immer das letzte Wort habt!

Small talk

Hast du zu XY gesagt, ich wäre ein Idiot?
Ja, aber der wußte das schon.

Ich war gestern bei einer Hundeausstellung.
Und, hast du gewonnen?

Tragen Sie normalerweise eine Brille?
Nein, die Druckstelle kommt vom Bierglas.

Mein Sohn ist durch und durch Künstler.
Mein Sohn ist durch und durch Fliesenleger.

Alle Frauen sind verschieden.
Unsinn, meine lebt noch.

Sie sitzen auf meinem Hut.
Wollen Sie schon gehen?

Geile Alte, die da drüben, ob man die in die Kiste kriegt?

Schwer zu sagen, aber wenn's klappt, sagen Sie mir bitte Bescheid.
Wieso interessiert Sie das?
Es ist meine Frau.

Gestern haben wir uns Tannhäuser angesehen.
Ich wußte gar nicht, daß Sie bauen wollen.

Gestern waren wir im Theater.
Was gab's denn?
Romeo und Julia.
Ach, gleich zwei Stücke?

Ich suche eine Dreizimmerwohnung.
Wann haben Sie sie zuletzt gesehen?

Sie können mich am Arsch lecken!
Müssen Sie denn immer auf Ihre Veranlagung zu sprechen kommen?

Darf ich Ihnen meine Frau vorstellen?
Stellen Sie sich vor, das ist meine Frau.

Stört es Sie, wenn ich rauche?
Bei Ihnen würde es mich nicht mal stören, wenn Sie brennen.

Sind Sie schon mal hinter dem Steuer eingeschlafen?
Nein, nur wachgeworden.

Ich heiße Meier und Sie?
Ich nicht.

Es ist hier so laut, daß man sein eigenes Wort nicht versteht.
Da verpassen Sie nichts.

Sie impotenter Schlappschwanz!
Nur bei Ihrer potthäßlichen Frau.

Sie sind der größte Idiot, den ich kenne.
Sie vergessen sich.

Ich werde demnächst im Ausland arbeiten.
Das finde ich sehr rücksichtsvoll.

Da müssen Sie sich einen Dümmeren suchen!
Das wird kaum möglich sein.

Ich habe dich gestern im Bus gesehen.
Und, wie war ich?

Haben wir uns schon mal in Rom getroffen?
Ich war noch nie in Rom.
Ich auch nicht, dann müssen das wohl zwei ganz andere gewesen sein.

Haben Sie in die Hose gemacht?
1) Ja, warum?
2) Ja sicher, meinen Sie, ich rieche immer so?
3) Ja.
Und warum gehen Sie dann nicht?
Ich bin noch nicht fertig.

Wie geht's?
Schlecht, bin von einer 10 m hohen Leiter gefallen.
Haben Sie sich verletzt?
Nein, zum Glück stand ich auf der untersten Sprosse.

Wie oft kannst du noch?
Zweimal.
Und welches ist die bessere Nummer?
Die im Sommer.

Ich bin blind.
Macht nichts, ich sehe nicht besonders aus.

Spielen Sie Geige?
Nein, wieso, hören Sie was?

Haben Sie schon mal mit meiner Frau geschlafen?
Nein.
Sollten Sie aber. Viel besser als Ihre.

Wie war Ihr Flug?
Sind Sie schon mal geflogen?
Ja.
Genauso war es.

Sind Sie verheiratet?
Ab und zu.

Heute kann jeder Depp berühmt werden.
Und wieso sind Sie es nicht?

Ich hasse dumme Menschen.
Ihre Eltern waren scheint's toleranter.

Mein Mann starb 14 Tage nach unserer Hochzeit.
Dann hat er ja nicht lange leiden müssen.

Seit wann tragen Sie Ihren Vollbart?
Das ist kein Vollbart, ich habe bei der Geburt den Rahmen mitgenommen.

Sie sind ja so still.
Sie sollten mich mal essen hören!

Ich habe Ihnen jetzt lange zugehört, aber ich bin keinen Deut schlauer.
Das ist sicherlich richtig, aber zumindest viel besser informiert.

Bei Freizeit und Hobby

Beißen die Fische?
Warum, haben Sie Angst?

Beißen Sie?
Nur wenn ich wütend bin.

Es gibt nichts blöderes als Angeln!
Doch: dabei zugucken.

Auf der Straße

Verzeihen Sie, ich suche den Bahnhof.
Ich verzeihe Ihnen, suchen Sie ruhig.

Warum haben Sie an Ihrer Imbißstube Würstchen mit Y geschrieben?
Weil mich das jeden Tag unheimlich viele Leute fragen, und alle essen eins.

Das ist doch kein Pissoir!
Da gehört aber eins hin!

Wie komme ich zum Bahnhof?
Haben Sie ein Auto?
Nein.
Dann müssen Sie zu Fuß gehen.

Können Sie mir sagen, wie spät es ist?
Ja, aber nicht jetzt.

Läßt Ihr Hund Fremde an sich ran?
Klar, sonst könnte er sie ja nicht beißen.

Im Geschäftsleben

Sie haben Ihr Konto um 2000 DM überzogen.
Unsinn, soviel Geld habe ich gar nicht.

Ihre Haare hätten schon vor längerer Zeit geschnitten werden müssen.
Meine Haare sind vor längerer Zeit geschnitten worden.

Ich wette, es erkennt Sie niemand wieder, wenn ich Ihnen das Haar ganz kurz schneide.
Sie auch nicht, wenn Sie das machen.

Künstlervölkchen unter sich

Schön, dein neues Lied/Buch/Drehbuch. Wer hat es dir geschrieben?
Schön, daß es dir gefällt, wer hat es dir erklärt?

Du bist gut.
Das Kompliment kann ich leider nicht zurückgeben.
Mach's wie ich: lügen, lügen, lügen!

Was halten Sie von XY?
Finde ich sehr gut.
Er denkt aber nicht so gut über Sie.
Vielleicht irren wir uns beide.

Ich schreibe ab und zu.
Auch zu?

Deine Meinung über mein neues Buch?
Völlige Scheiße.
Gut, aber ich hätte sie trotzdem gern gewußt.

XY hat jetzt eine Freundin.
Guck an, und ich dachte, bei dem schläft nur das Publikum.

XY ist ein sehr guter Moderator/Schauspieler/Maler/Autor – von der Hüfte abwärts.

Geh auf Zehenspitzen raus, damit du deinen Applaus hören kannst.

Seine Karriere hat mehr ups und downs als das Bett in einer Hochzeitssuite.

Es ist immer schwierig, nach einem guten Redner/Sänger/Comedian aufzutreten. Gottseidank habe ich das Problem heute nicht.

Dein neues Buch enthält viel Schönes und Neues. Leider ist das Schöne nicht neu und das Neue nicht schön.

Der Kollege ist ein großartiger Koch, nur leider immer besoffen. Nein, das stimmt gar nicht, er kocht beschissen.

Gewandter Umgang mit Staatsorganen

Kann ich Ihren Führerschein sehen?
Das sollten Sie nicht mich sondern Ihren Augenarzt fragen!
oder:
Schon mal was von Datenschutz gehört?
oder:
Gern! Bei mir oder bei Ihnen?
oder:
Wie heißt das Zauberwort?
oder:

Gern, aber wo Sie schon da stehen, können Sie mir gerade mal die Scheibe saubermachen?

Sie sind mehr als 50 km/h gefahren!
Unsinn, ich bin doch erst seit zehn Minuten unterwegs.

Haben Sie was zu verzollen?
Nein.
Und was ist das?
Das wollten wir schmuggeln.

Wieso haben Sie keine Fahrkarte?
Ich muß sparen.

Die Fahrausweise bitte!
Kaufen Sie sich doch selber einen.

Wissen Sie, warum ich Sie angehalten habe?
Lassen Sie mich raten: Sie fühlen sich einsam?

Innerhalb der Beziehung

Was würdest du machen, wenn ich plötzlich sterben würde?
1) Mich unheimlich besaufen.
2) Hierbleiben.
3) Das Trauerjahr abwarten und dann XY heiraten.

In dem Mantel siehst du aus wie ein Kameltreiber.
Damit es ganz echt wirkt, solltest du vielleicht vor mir herlaufen.

Heute nicht, Schatz, ich habe Kopfschmerzen.
Rate mal, was ich gerade mit Aspirin eingepudert habe!

Was ist draußen für ein Krach?
Es ist Herbst, die Blätter fallen.

Beim Flirt

Was starrst du mich so an, hast du noch nie einen Mann ohne Erektion gesehen?

Meine Güte, so wie du hat sich ja auf See nicht mal unser chinesischer Koch geziert.

Wen, glaubst du, kannst du mit so einem winzigen Dingelchen glücklich machen?
Mich!

Wohin so eilig, schöne Frau?
Nach Hause, Oma Bescheid sagen, daß was Passendes für sie an der Bar sitzt.

Können Sie Ihre Hand nicht woanders hintun?
Gern, aber dann müßten Sie sich umdrehen.

Ich habe einen Mordsprügel!
Das sagen doch alle.
Sehen Sie, es hat sich schon rumgesprochen.

Ich stecke gerade in einer ziemlichen Krise.
Mein Krisenstab steht zu Ihrer Verfügung, gnä' Frau.

Bei der Erziehung

Warum hat Mutti rote Zehennägel?
Damit keiner drauftritt, Schatz.

Galgenhumor

Auf der Streckbank bei der Inquisition:
Könnten Sie mir bei dieser Gelegenheit nicht meinen Lümmel ein bißchen verlängern?

Ein Legionär beim Marsch durch die Wüste bei sengender Hitze:
Sag mal, ist hier immer so schönes Wetter?

Im Urlaub

Kommst du mit ins Wasser?
Nee, schwimmen kann ich nicht und pinkeln muß ich nicht.

Ist das Ihr Sohn, der meinen Strohhut mit Sand füllt?
Nein, meiner probiert gerade aus, ob Ihr Walkman auch unter Wasser spielt.

Im Restaurant

Herr Ober, Ihre Hose ist offen.
Oh, Verzeihung.
Macht nichts, was können Sie sonst noch empfehlen?

Wie war das Steak?
Großartig, und ich kann das beurteilen, ich bin selbst aus der Branche.
Ah, Gastronom oder Metzger?
Schuster!

Herr Ober, kennen Sie mich noch?
Ich wüßte jetzt nicht . . .
Ich bin doch der Mann, der vor langer Zeit ein Wiener Schnitzel bestellt hat!

Brauchen Sie einen Ober?
Nein, wir haben genug Personal!
Dann schicken Sie mal einen vorbei, ich warte schon eine halbe Stunde.

War das Huhn gut?
Charakterlich mag es schwer in Ordnung gewesen sein, aber physisch war es ein Wrack.

Wie fanden Sie das Steak?
Zufällig unter dem Salatblatt.
oder:
Ziemlich klein für sein Alter.

Der Eisbrecher

Es ist oft so schwer und doch so leicht, das erste Wort, das uns die Drehtür zum Herzen des anderen sperrangelweit öffnet. Aber wer will das schon. Statt des offenen Herzens ist der offene Mund der sprachlosen Verblüffung auch eine feine Sache. Hier der Weg zu diesem Ziel in einigen Standardsituationen.

Das Vorstellungsgespräch

Sie bewerben sich bei einem großen Konzern um die vakante Stelle des Kundenbetreuers, ein hochdotierter Job, der Takt und Fingerspitzengefühl erfordert. Soeben haben Sie den Personalchef gefragt, wie er es in Dreiteufelsnamen nur geschafft hat, trotz seiner Hasenscharte so einen Bombenjob bekommen zu haben, als dessen Assistentin den Kaffee serviert. Einer lieben Gewohnheit folgend, versetzen Sie ihrem Podex einen als Kompliment gemeinten Klaps. Die vermutlich vor Freude aufzuckende junge Dame verliert leider die Kontrolle über das Tablett, der brühend heiße Kaffee ergießt sich über das Designerbeinkleid Ihres Gesprächpartners. Die Bordunstimme seines Wimmerns reizt Sie zu einer kontrapunktären Phrase. Wählen Sie aus!

A) Seien Sie froh, Sie hätten sich sonst glatt die Zunge verbrannt!
B) Immer noch besser als kalter Kaffee!
C) Noch ein Täßchen hinterher, damit sich die Reinigung auch lohnt?
D) Soll ich trocken pusten, oder stimmt das am Ende gar nicht, was man sich so über Sie erzählt?

Politessen-Streß

Vollbepackt mit Einkaufstüten kehren Sie vom Shopping zu Ihrem Wagen zurück. Der Umstand, daß dieser die Zufahrt eines Kran-

kenhauses blockiert, scheint einer hyperaktiven Politesse Grund genug, den Notizblock zu zücken. Wie eröffnen Sie das Gespräch?
A) Na, Mausi, wir können schon schreiben?
B) Ach bitte, Frollein, halten Sie doch mal kurz meine beiden Tüten, ich würde für Sie dasselbe tun!
C) Das ist doch kein Job für eine Frau mit Ihren Fähigkeiten! Was spricht gegen einen Putzjob in einer Fischstäbchenfabrik?
D) Also mir würde das ja stinken, wenn ich als Frau mein Geld auf der Straße verdienen müßte!

Einparken

Beim flotten Rückwärtseinparken übersehen Sie leider einen friedlich sein Würstchen legenden Yorkshire-Terrier und fahren ihn quasi über seinen eigenen Haufen. Womit suchen Sie das menschliche Gespräch mit seinem unter Schock kollabierten Frauchen?
A) Hier, gute Frau, sind 20 Möpse. Kaufen Sie sich davon 'nen Goldfisch. Die fusseln auch nicht so auf'm Sofa!
B) Apropos abkratzen! Wer kratzt mir den Dreck vom Reifen?
C) Also für die Altköter-Entsorgung berechne ich diesmal nichts, aber die Wagenwäsche sähe ich schon ganz gerne von Ihnen gesponsort!
D) Wird nicht wieder vorkommen! Oder haben Sie noch mehr davon?

Fußballfernsehabend

Deutschsein heißt, eine Sache um ihrer selbst willen tun. Hat mal ein Schlauberger gesagt. Was er meinte, ist: »Deutschsein heißt, jeden umzubringen oder zumindest in seiner Artikulations- und Bewegungsfähigkeit stark einzuschränken, der einen beim Gucken eines wichtigen Spiels stört.«

Anstelle einer nächtlichen U-Bahnfahrt in New York empfehlen wir folgende Opener, Eisbrecher oder Eröffnungsfloskeln in einer UEFA Cup-Runde:

A) Ich brauch mal euren Rat, Freunde. Gudrun wünscht sich mit 46 noch ein Kind.
B) Wißt ihr eigentlich, von wem ich euch ganz lieb grüßen soll?
C) Ist noch was von dem Wein da? Aber nicht jetzt nur wegen mir in den Keller gehen!
D) Kann ich mal telefonieren? Ich mach auch ganz leise.
E) Was macht eigentlich der Josef?
F) Bilde ich mir das ein, oder riecht das hier nach Gas?
G) Wo sitzt eigentlich beim Twingo der Wischwassertank?
H) Guckt mal, was ich heut gekauft habe, steht mir das?
I) Welches sind nochmal unsere?
J) Guckt mal, ich hab die Urlaubsfotos abgeholt!
K) Wat is eigentlich jetzt mit der Ehe von dem Matthäus?
L) Köpke, Köpke, ist der eigentlich verwandt mit dem Nachrichtensprecher?
M) Ihr habt nicht zufällig was zu knabbern?
N) Wißt ihr eigentlich, daß im Bad Wasser durch die Decke kommt? Nein, war nur ein Spaß!!
O) Ach, jetzt ist mir die Kontaktlinse runtergefallen, könnt ihr mal mitsuchen, aber vorsichtig!

Das Sterbezimmer

Gerade im Umgang mit dem Scheidenden scheiden sich die Geister. Die eine Gruppe möchte am liebsten gar nichts sagen, die anderen wissen nicht, ob sie lachen oder weinen sollen. Wir raten zu einer lebhaften Gesprächsführung, denn langweilen kann der Abgänger sich woanders. Hier die 18 besten Gesprächseinstiege:
A) Kannst du mir bis nächsten Monat hundert Mark leihen?
B) Hast du dir schon mal überlegt, als was du wiedergeboren werden möchtest?
C) Bist du auch so müde? Ich glaube, das ist das Wetter!
D) Weiß steht dir übrigens gut.
E) Du hast aber ein dickes Buch auf dem Nachttisch!
F) Du hast es gut, Benzin wird wieder teurer.

G) Stört es dich, wenn ich rauche?
H) Sag doch auch mal was!
I) Augen zu und durch!
J) Apropos, die Toten Hosen haben eine neue CD raus!
K) Dat ist vielleicht eine Luft hier drin, also, wie du dat aushältst!
L) Rate mal, wen ich gestern gevögelt habe!
M) Wie lang wart ihr jetzt verheiratet?
N) Mach dir nur keinen Kopp wegen deiner Frau, die kommt ganz schnell drüber weg, das wirst du sehen!
O) Warum sagt man eigentlich »abnippeln«?
P) Rate mal, was der Grabstein kosten soll, nur Name und »von bis«, da trifft dich glatt der Schlag.
Q) Ist das nicht toll, der Arzt hat mir gestern gesagt, ich bin kerngesund.
R) Deinen Hund werden wir wohl auch einschläfern müssen.

Didema

Was mag sich hinter diesem Kürzel verbergen? Richtig! Das Madigmachen von Dichtern und Denkern. Eine Sache, die von jedem Intellektuellen höchstlich goutiert wird und fast stets der Beginn langer Freundschaften ist. Das Rezept ist denkbar einfach:

Wir dichten unseren Fürsten einen sexuellen Spleen an, fassen das ganze in Reime und werfen mit den so entstandenen Perlen im Hauptseminar um uns, oder, als Nichtakademiker, zumindest im Literarischen Quartett.

Voll geil fand Herr von Lessing
Intimschmuck ganz aus Messing,
der leider oxydierte,
selbst wenn man ihn polierte.
Er stieg um auf Acryl,
das brachte auch nicht viel,
nur eine schwere Allergie
mit roten Pusteln wie noch nie.
Das ging ihm auf den großen Geist,
drum fragte er den Herrn von Kleist,
bat ihn um einen Rat,
der riet zu Silberdraht.
Und so geschah's, daß Lessings Ding
alsbald voll mit Lametta hing.
Dies neidete ihm Schiller dann,
der seinerseits am Pillermann
ein klitzekleines Glöckchen trug,
das immer, wenn der Klöppel schlug,
erklang mit silberhellem Ton;
auch bei der kleinsten Erektion.
»Trotz der tollen Klingel
bist du noch immer Single«,

schrieb ihm Hegel voller Häme,
den wiederum extreme
Gewichte unten zierten,
die manche schwer genierten.
Zudem war er geboren
mit ungeheuren Hegelohren.
Im Gegensatz zu Kant,
der sehr auf Latex stand.
Die Mädels fanden's wunderbar,
weil er so klug und weise war.
Dabei war sein größter Traum
ein dominanter Gummibaum.
Ganz anders Goethe, dieser Fürst,
der war am ganzen Leib gepierced.
Kleine Ringe, gold'ne Ketten
schmückten die Geheimratsecken.
»Spitze, riesig, alles mein«,
dachte sich die Frau von Stein.
Denkste, denn Frau Vulpius
kam ebenfalls in den Genuß.
Das machte ersterer Verdruß,
sie daraufhin mit Goethe Schluß.
»Nä, wat seid ihr kleine Schweine«,
heuchelte Herr Heinrich Heine,
der sorgsam hinterm Berge hielt,
mit dem, was sein Lust so stillt.
Früchte, Tiere, Mädchen, Knaben
bemalte er mit Fingerfarben.
Auf Wunsch tat er sie ohne Zieren
und ohne Pinsel auch signieren.
Shakespeare kannte kein Tabu
bezüglich Körper und Tattoo.
Seinen unbehaarten Rücken
ließ er mit Londons Skyline schmücken,
und seinen kleinen Freund Othello

zierte ein Stich von Portobello:
der weltberühmte Markt für Trödel
als Kleinkunst auf des Williams Dödel.
Sein Anmachspruch, wollt' er mal geigen:
»Darf ich Ihnen London zeigen?«
Sein alter Freund Jean Jaques Rousseau
schätzte eine andere Show.
Er wollte zur Natur zurück
und seinen Körper Stück für Stück,
den schmückte er kurz vor dem Akt
mit Gartenkräutern, selbstgehackt.
Gestützt von einem Porreestrunk
fühlte er sich nochmal so jung,
und er tönte halb im Scherze:
»Ich hab' die Kraft der beiden Sterze!«